"La vida, la verdad, y ser libre"

Steve Maraboli

"La vida, la verdad, y ser libre"

A Better Today Publishing
P.O. Box 1433
Port Washington, NY 11050
(800) 597-9103

www.abettertodaypublishing.com

Publicación original por el propio autor en 1999 bajo el nombre en inglés "Wit and Wisdom of Steve Maraboli."

A Better Today Publishing
P.O. Box 1433
Port Washington, NY 11050
(800) 597-9103
www.abettertodaypublishing.com

Diseño de la cubierta: Chamillah Designs
www.chamillah.com

Traducción al español: Jaime Miniño
www.mincor.net

Director de traducción: Bertha Janeth Kurmen Leiva
Consultor: Patricio Maraboli

ISBN 13: 978-0-9795750-4-4
ISBN 10: 0-9795750-4-4

Dedicado a la comunidad de A Better Today.

Opta por hacer algo más que sólo existir. Opta por vivir.

¡Hoy es un nuevo día!

PARA MARIA Y DAMARY

GRACIAS POR TODA LA ALEGRIA QUE HAN TRAIDO A MI VIDA.

Contenido

La vida...

La verdad...

Ser libre...

Introducción:

¡Hola a todos!

Gracias por tomarse el tiempo de leer este libro, el cual es una versión actualizada de un libro previamente publicado por mí mismo y que entregaba personalmente en mis seminarios.

Después de tocar millones de vidas con este libro, el cual aparece en la lista de libros más vendidos, tengo el honor de presentarlo en español.

Yo decidí re-publicar este libro porque encuentro que la mayoría de los libros en la sección de auto-ayuda de las librerías deberían estar en la sección de ficción. La mayor parte de la información que se encuentra en estos libros se dedica a engrandecer al autor, usando datos pseudocientíficos, y simplemente no prácticos. La vida, la verdad, y ser libre nos trae de regreso al empoderamiento práctico, a la espiritualidad, y a una vida inspirada. Es una especie de "Curso básico de Steve."

La selección de las obras incluidas en este libro cubre más de una década de mis pensamientos puestos en forma escrita. Muchos de estos han sido publicados y enviados por correo electrónico alrededor del mundo en más de 20 idiomas. Si escuchan mi programa de radio "*Empowered Living*," podrán conocer las enseñanzas básicas que he estado presentando a través de los años. En estas páginas encontrarán temas espirituales, empoderadores, inspiradores y socialmente reflexivos.

Encontrarán que el estilo de mi lenguaje escrito y hablado es muy similar. Mi meta principal es transmitir los mensajes de la manera más efectiva sin preocuparme demasiado por las reglas tradicionales de la gramática.

Aunque este libro está dividido en tres partes: La vida, la verdad y ser libre, está diseñado para poderse leer a partir de cualquier página y además encontrarán citas populares esparcidas por todo el contenido.

Mientras leen estas piezas, descubrirán que no solamente contiene mis pensamientos, sino los de muchas otras personas alrededor del mundo; confirmando que la VERDAD no le pertenece a nadie.

La VERDAD es universal.

¡Que lo disfruten!

-Steve

La vida...

Atrévete a ser

Al comienzo de un nuevo día, atrévete a sonreír agradecidamente.

Cuando hay oscuridad, atrévete a ser el primero en resplandecer la luz.

Cuando hay injusticia, atrévete a ser el primero en condenarla.

Cuando hay algo que parezca difícil, atrévete a hacerlo de todas maneras.

Cuando la vida parezca aporrearte, atrévete a seguir luchando.

Cuando parezca que no hay esperanzas, atrévete a encontrar alguna.

Cuando te sientas cansado, atrévete a seguir adelante.

Cuando hay tiempos duros, atrévete a ser más duro.

Cuando el amor te hiere, atrévete a amar de nuevo.

Cuando alguien está lastimado, atrévete a ayudarlo a sanar.

Cuando otro esté perdido, atrévete a ayudarle a encontrar el camino.

Cuando un amigo tenga una caída, atrévete a ser el primero en extender la mano.

Cuando te cruces en el camino con otros, atrévete a hacerlos sonreír.

Cuando te sientas grandioso, atrévete a ayudarle a alguien sentirse grandioso también.

Cuando el día haya terminado, atrévete a sentirte como si hubieras hecho lo mejor.

Atrévete a ser lo mejor que puedas –

¡Todo el tiempo, atrévete a ser!

ജ ജ

Nunca confundas la incapacidad de alguien para hacer algo con la inhabilidad de poderlo hacer.

ജ ജ

El propósito del miedo es incrementar tu percepción, no detener tu progreso.

ജ ജ

El llamado de Dios requiere acción. Cuando Dios te llama, es una llamada de cobro revertido que debes pagar... más te vale que estés dispuesto a aceptarla.

ജ ജ

Aunque la intención es la semilla de lo que deseas manifestar, la acción es el agua que nutre esta semilla. Tus acciones deben reflejar tus metas para que puedas lograr el verdadero éxito.

ജ ജ

Mi experiencia me ha enseñado que la preparación es producto del orden. Y, si el azar favorece a la mente preparada, ¡entonces estoy listo!

ജ ജ

Todos podemos lidiar con las batallas de solo un día. Es cuando agregamos los agobios de dos días que están fuera de nuestro control, el ayer y el mañana, que nos abrumamos.

ജ ജ

Este momento

¡Hoy es un nuevo día!

Cada uno de nosotros aspira a ser más. Cada uno desea mejorar de alguna manera. ¡Ha llegado nuestra oportunidad! Es hora de aprovechar esta oportunidad para transformarnos. Llegó la hora de dirigir el poder bendecido en nuestro interior y utilizarlo para transcender desde nuestra existencia actual hacia una realidad de mayor empoderamiento.

¿Qué harás con este momento? Es éste, y solo éste, tu momento. ¿Qué frutos te va a brindar este momento? ¿Agarrarás este momento y te empoderarás con sus jugos? ¿O vas a dejar pasar la oportunidad de recoger sus frutos y arriesgarte a que llegue el siguiente sin haberlo aprovechado?

El poder encontrado en este momento presente es inconmensurable. Te puede propulsar tanto hacia el éxito y la felicidad como al fracaso y la miseria. ¿Cuál prefieres? ¿Has considerado alguna vez estas opciones? ¿Cuál has elegido? Sabemos que nuestras vidas pueden cambiar de inmediato; en un instante. Nos hemos acostumbrado a ser víctimas de un solo instante.

Hoy es tu oportunidad de liberarte de la creencia limitante de que el momento presente no le responde a nadie. ¡Este momento es tuyo y de nadie más! Toma el control, apodérate de este momento y permite que su impulso te lleve a los niveles más elevados de la vida y con mayor potencial. Permítete sembrar las semillas de tu éxito y felicidad en este momento fértil.

Hoy es un nuevo día.

¡Aprovecha el momento!

• • •

Si deseas algo que nunca has tenido,
tienes que estar dispuesto a hacer algo
que nunca has hecho.

• • •

ഌഋ

El valor del momento presente es inconmensurable. El poder de un solo momento puede impulsarte hacia el éxito y la felicidad, o encadenarte al fracaso y a la miseria.

ഌഋ

La opción de ser feliz está presente en cada momento: solo tenemos que elegirla.

ഌഋ

Si intentas cambiar, decide lo que quieres y vive tu vida de acuerdo a tu decisión.

ഌഋ

La vida es la definición que tú le das a los eventos que ocurren.

ഌഋ

Mira a tu alrededor. Todo cambia. Todo está en constante evolución, refinamiento, mejoramiento, adaptación, aumento y movimiento en la tierra. No has venido a la tierra a quedarte estancado.

ഌഋ

Los juicios que emitimos nos impiden entender una nueva verdad. Libérate de las reglas de tus antiguos juicios y crea el espacio para un nuevo entendimiento.

ഌഋ

Abraza los momentos felices de tu vida

La risa inocente de tu pequeño.
El beso matutino de tu cónyuge.
Las buenas calificaciones del colegio.
Una visita del ratoncito Pérez.
Una deliciosa taza de café.
Un par de botas calientes y secas.
Un día de nieve.
Un abrazo amoroso.
Una sonrisa oportuna.
La llamada de un amigo.
Un auto que encienda en las mañanas.
Un trabajo donde ir.
Una noche de cine con la familia.
Los momentos divertidos.
Unas vacaciones.
Un día libre.
Un buen libro.
Una silla cómoda.
Tus pantuflas favoritas.

A lo largo de esta gran jornada por la vida, puedes encontrar la felicidad en los momentos más sencillos. En todo momento se nos presenta la opción de ser felices. Simplemente debemos elegir esta opción. ¿Cuántas veces nos permitimos apreciar verdaderamente la alegría en nuestra vida? ¿Realmente experimentamos en su totalidad el amor que recibimos del abrazo de un niño o estamos más preocupados por llegar a tiempo al trabajo?

Permítete disfrutar cada momento feliz de tu vida. Asimílalo, ¡te lo mereces! Este universo está equilibrado. Dios lo hizo así. Siempre existirán montones de razones para sentirnos preocupados o tristes, pero siempre hay un equivalente en la misma cantidad para sentirnos felices y en paz. Tú eliges. En mi experiencia como asesor personal, he aprendido que la felicidad no es cuestión de la ausencia de problemas, sino de la habilidad para lidiar con ellos. Es la misma habilidad de disfrutar una rosa sin preocuparnos por las espinas. Es la habilidad para celebrar una vida aunque ya haya terminado. Se trata de ver las flores aún durante una tormenta.

La felicidad es el indicador con el cual medimos nuestra relación con Dios.

Contagia a los demás con tu felicidad y permite que los demás te la contagien.

Permítete encontrar las maravillosas bendiciones que te rodean todos los días.

Tómate un momento... asimílalo por completo... sonríe...

Hoy es un nuevo día... ¡un día feliz!

Eres lo que eres porque eso es lo que has elegido ser. Si eres infeliz, DEBES CAMBIAR DESDE TU INTERIOR.

Filosofía en acción

¿Cómo sería tu vida diferente si...

Dejaras de asumir juicios negativos sobre las personas con quienes te encuentras?

Deja que hoy sea el día...

En que busques lo bueno en cada persona que conozcas y respetes su trayectoria.

Tanto por hacer

Si tienes que preguntar si has hecho lo suficiente, entonces es porque no lo has hecho. Cada día te ofrece la oportunidad de hacer hoy más de lo que hiciste ayer.

Cada nuevo día te presenta la bendición de la abundancia y tienes acceso ilimitado a todo lo que te ofrece. Imagínate un cofre con un tesoro lleno de las cosas valiosas de la vida. Tienes la oportunidad de revisar cada cosa y examinarla para ver si te gusta o te es útil. Mientras observas todos estos maravillosos tesoros, te das cuenta de lo afortunado y bendecido que eres al poseerlos.

Imagínate todos esos tesoros y bendiciones. Ahora imagínate que al iniciar cada día, recibes otro cofre igual para hacer de nuevo lo que desees con él. Al comienzo de cada día, toma posesión de tu cofre de tesoros, aprovéchalo y disfruta de sus riquezas.

Considéralo sagrado y ofrece su abundancia a los demás con generosidad.

Hay suficiente para todos.

ꕥ

El día de hoy se presenta ante ti esperando que le des forma. Eres el escultor asignado para esta labor. Tú eliges en qué convertir tu día.

ꕥ

Tus acciones deben ser tan dedicadas que nadie tenga que preguntarte lo que deseas.

ꕥ

¡NUNCA te sorprendas ante tu propio éxito!

ꕥ

No hay mayor fuerza de cambio que las personas inspiradas a vivir una mejor vida.

ꕥ

Simplifica tu vida. No creces espiritualmente, más bien te reduces.

ꕥ

Libérate de la inautenticidad y desempoderamiento de tu propia historia.

ꕥ

Dentro de nosotros mismos, todos tenemos los regalos y talentos que necesitamos para realizar el propósito con el cual hemos sido bendecidos.

ꕥ

ꕥ

La palabra de Dios no es sólo para ser escuchada y repetida. Es para ser inspirada, vivida y emulada con cada acción.

ꕥ

A veces los mensajes más poderosos surgen de los problemas más complicados.

ꕥ

No te sientes ni dejes que la vida te pase. Prepara un plan y da los pasos necesarios para crear lo que deseas.

ꕥ

El mayor paso hacia una vida de simplicidad es aprender a liberarse.

ꕥ

No hay nada más peligroso para el yugo de tu complacencia y el centinela de tu miedo, que la filosofía en acción.

ꕥ

La felicidad es el indicador con el que mides tu relación con Dios.

ꕥ

Crea una obra maestra

Hoy despiertas a un día en el que tienes el poder de crear e inspirar un cambio.

De hecho, es el ÚNICO día en el que tienes poder. No tienes control sobre el día de ayer. Ese día ya pasó. Mañana es un día que todavía no conoces. Está fuera de tu alcance. Mañana está esperando revelarse ante ti dependiendo solamente de las acciones de sólo un día... ¡EL DÍA DE HOY!

¿Qué harás con el día de hoy?

¿Continuarás sólo existiendo en vez de realmente vivir?

¿Te liberarás finalmente de tu mentalidad de víctima y tomarás el control de tu vida?

Has recibido la bendición de un poder inconmensurable para hacer cambios positivos en tu vida. ¡Cambia las cosas hoy mismo!

Nunca me convencerás de que pasamos por todo lo que pasamos sólo para terminar en el mismo lugar donde empezamos. Estamos aquí para evolucionar... para refinarnos y mejorarnos... para inspirar y ayudar a los demás a que hagan lo mismo.

¡Hoy es un nuevo día!

Está aquí para ser forjado y esculpido. ¡Crea una obra maestra!

ꕥ

¡Tu sueño es una realidad que sólo espera ser materializada!

ꕥ

Aunque parezca que el tiempo vuela, nunca pasa más rápido que un día a la vez, cada nuevo día representa una nueva oportunidad para vivir tu vida a plenitud.

ꕥ

Cuando tu intención y tus acciones están alineadas, estás hablando directamente con Dios.

ꕥ

Los apegos son las aguas quietas en las que se crían los zancudos del estrés.

ꕥ

Si tu visión se distorsiona, tu jornada se retrasa.

ꕥ

Aunque hayas estado ignorando tu cuerpo, encontrarás que nuestras células son mucho más benevolentes que nosotros mismos. Desde el momento en que empieces a amar tu cuerpo, te empezará a corresponder con amor. Tu cuerpo no alberga resentimientos. Tan pronto comienzas a nutrirte mejor emocional, espiritual y físicamente, todo lo demás responderá de manera positiva.

ꕥ

No pierdas el día de hoy

Este día se nos ha otorgado para darle forma de la manera que deseemos. Sin embargo, muy a menudo ignoramos esta bendición porque tendemos a concentrarnos en los dos días de cada semana en los que no nos debemos de preocupar; los dos días que diluyen nuestra experiencia del día de hoy con una inyección de ansiedad y miedo.

Uno de estos días es el ayer, con todos sus errores y momentos estresantes, sus victorias, sus pérdidas y sus dolores. El día de ayer vino y se fue. No hay nada que podamos hacer para hacerlo regresar. No podemos deshacer nada de lo que pasó. No podemos retractar ninguna de las palabras que dijimos. El día de ayer ya pasó.

El otro día del cual no debemos preocuparnos, aunque continúa siendo un día que nos induce al miedo y a la ansiedad, es mañana, con sus posibles problemas, agobios, sueños y pesadillas. Mañana es un día al que llegaremos, pero que está fuera de nuestro control. El mañana nos recibe sin reglas ni resentimientos y sin promesas. Mañana será un día de un potencial ilimitado para el cambio, el crecimiento y la acción, pero hasta el momento en que llegue no tendremos control sobre el mañana porque todavía no lo hemos visto.

Esto nos deja con un solo día. Nuestra bendición vital: ¡EL DÍA DE HOY!

Con esto no digo que es un error planificar para el futuro. Sólo estoy advirtiendo que no debemos convertir el día de hoy en una víctima de esos planes.

Es bueno planificar y ahorrar lo suficiente para la educación de nuestros hijos, pero no te olvides disfrutar a tu hijo hoy.

Disfruta el día de hoy. Es lo que perciben tus sentidos en el momento presente. Es con lo que estamos capacitados para lidiar como seres humanos. Todos podemos luchar las batallas de un solo día. Es cuando añadimos los agobios de dos días incontrolables, los de ayer y mañana, que nos abrumamos.

Tómate un momento para observar internamente las cosas que te producen estrés. Muchas veces no son las cosas del día las que atacan tu paz mental, sino más bien el fantasma del ayer y el miedo y la inseguridad de lo que podría ocurrir mañana.

No permitas que tu espíritu se ablande ni que se limite tu felicidad por un día que no puedes recuperar y por un día que todavía no existe.

Olvídate del día de ayer. Ese día ya se olvidó de ti. Y no sufras por un mañana que todavía no conoces.

Más bien, abre tus ojos y tu corazón para un regalo realmente valioso: el día de hoy.

Disfrútalo. Vívelo al máximo.

¡Hoy es un nuevo día!

Filosofía en acción

¿Cómo sería tu vida diferente si...

Dejaras de enfocarte en lo que no quieres y empezaras a enfocarte en lo que quieres?

Deja que hoy sea el día...

En que establezcas una intención clara; haz un plan, y actúa en la dirección de tu intención.

ꕥ

Las personas con éxito reconocen sus errores y los llaman con un nuevo nombre más refinado: experiencia.

ꕥ

Tu acuerdo con la realidad define tu vida.

ꕥ

En cuanto a la teoría bíblica o religiosa, mejor no discutir los detalles de la historia y tan sólo vivir la realidad del mensaje.

ꕥ

Dios es el arquitecto del evento; tú eres el intérprete del momento.

ꕥ

Podrías estar llevando un diario de tus pensamientos pero quiero que sepas que, en todas las religiones, el Dios en el que crees está llevando un diario de tus acciones.

ꕥ

Recuerda que la felicidad existe en abundancia y se puede encontrar en los lugares más pequeños.

ꕥ

Vive la vida con un propósito y vívelo al máximo.

ꕥ

Di "¡POP!"

Todos llegamos a un punto de nuestras vidas en el que necesitamos despertar y salir de nuestro letargo.

Utilizo el término "POP" porque me recuerda una historia divertida.

Muchos de ustedes saben que soy un veterano militar. Tuve el cargo de policía militar de las fuerzas aéreas durante cuatro años. Fui dado de baja con honores y muchas medallas.

Recuerdo la ocasión en que estaba en un entrenamiento básico en San Antonio, Tejas. El entrenamiento básico consistía de una repetición infinita de prácticas bajo cualquier tipo de clima. Era un día caluroso de verano en Tejas y ahí estábamos, un grupo de sesenta individuos repitiendo nuestras prácticas sobre la pista de marcha cubierta de asfalto.

Recuerdo que sentía como que me iba a desmayar. No sé si se trataba del calor intenso o quizás porque estábamos haciendo lo mismo una y otra vez, repitiendo más o menos el ejercicio de manera mecánica. Está demás decir que el instructor nos gritaba cada vez más furioso y a todo pulmón, y sin embargo, sin importar cuánto nos gritaba, no podíamos hacerlo bien.

De modo que nos puso a todos en fila gritándonos ¡pónganse en fila!

Nos pusimos en fila uno al lado del otro y empezó a caminar lentamente frente a nosotros hacia adelante y hacia atrás, diciéndonos las siguientes palabras en su marcado acento sureño:

— ¿Qué pasa con ustedes?

Entonces dijo: — Ya sé... digan '¡POP!'

Por supuesto, todos dijimos "¡POP!"

Gritó: — ¡Digan 'POP' de nuevo!

Y por supuesto, todos gritamos "POP" de nuevo, y antes de que nos diéramos cuenta, había sesenta hombres parados bajo el ardiente sol de Tejas gritando "POP," "POP," "POP," con toda la fuerza de sus pulmones.

Luego, el instructor nos miró y nos dijo: — ¿Saben qué significa eso?

¡Ese es el sonido que hacen sus cabezas cuando salen de sus traseros!

Me río ahora, pero no fue cómico en aquel entonces. Sin embargo, se me grabó esta historia en la memoria porque es realmente cierto.

En la vida a veces tenemos que hacer ¡POP!

Llegas al punto en el que estás haciendo las cosas por una inercia inconsciente.

¿No se siente así de vez en cuando?

Sé que algunos de ustedes están pensando: "Ah claro, me está hablando a mí."

Llegas al punto en el que estás haciendo las cosas de una manera repetitiva inconscientemente y empiezas a sentir que todo no es más que una repetición de lo mismo.

¿Cuántas veces han escuchado a alguien decir, "la misma tontería diferente día," mientras pasas tus días sumido en una especie de bruma simplemente existiendo, o existiendo a través de tus relaciones humanas, tu matrimonio o tu carrera? A veces tienes que hacer POP, despertar, aclarar tu visión, tomar el control, y tomar las riendas de tu vida como lo hicimos aquel día bajo el ardiente sol de verano en Tejas.

A veces la clave para pasar de sólo existir a VIVIR consiste simplemente en decir ¡POP!

No le tengas miedo al pasado. Aprende de él para empoderar tu presente.

ഇ ര

El tiempo no espera a nadie. Existe sólo un momento para la felicidad y el momento es ¡AHORA!.

ഇ ര

La razón por la que el miedo es tan poderoso es porque piensas que es más fuerte que tú.

ഇ ര

Sé considerado con el planeta. Habrá más personas que lo usarán cuando te hayas ido.

ഇ ര

Fuiste puesto en la tierra para lograr lo mejor de tu ser, para vivir tu propósito de una manera sin miedo.

ഇ ര

Sin importar tu historia, tu destino es el resultado de lo que hoy has creado. ¿Qué vas a crear hoy?

ഇ ര

No permitas que el fantasma del ayer ni la lista de "cosas por hacer" del mañana te roben el día de HOY.

ഇ ര

El amor, en su forma más genuina, puede sólo florecer si es LIBRE. Nosotros, como personas, sólo podemos florecer si también lo somos.

ഇ ര

Almas gemelas

Cuando nacemos, el alma que recibimos se divide y la mitad es entregada a otra persona. A través de nuestras vidas buscamos a la persona que tiene la otra mitad de nuestra alma. Muy pocos lo logran.

Me siento bendecido de que nos hayamos conocido. En un momento repentino, cálido dentro de tu mirada amorosa, mi alma dijo: "¡Por fin! Ahora puedo descansar. He encontrado mi mitad perdida." Cuando esto ocurre se dice que hemos encontrado a nuestra alma gemela. Estamos felices y en paz. Cuando nos entregamos el uno al otro, estábamos inmersos en la eternidad bailando en un universo sin tiempo. Me siento realmente bendecido porque en aquel día mi corazón te reconoció como una parte de él.

Gracias por bendecirme con tu presencia. Gracias por soñar conmigo y por ver el mismo futuro que veo yo. Gracias por tus hermosos ojos recordándome la verdadera felicidad en la vida. Estoy eternamente agradecido por ti.

Me pasaré una eternidad amándote, cuidándote, respetándote y mostrándote todos los días que te guardo en lo más elevado como las estrellas.

Lamento que me haya tomado tanto tiempo para encontrarte. Te lo compensaré, mi hermosa flor, durante toda la vida.

¡Te amo!

ജ൦ൽ

¡Libérate de las complejidades de tu vida! Una vida de simplicidad y alegría espera por ti.

ജ൦ൽ

La falta de claridad pone freno al éxito de cualquier empresa.

ജ൦ൽ

Vive de manera auténtica. ¿Por qué continuar comprometiendo algo hermoso para crear algo falso?

ജ൦ൽ

No quiero que mi vida la defina lo que esté escrito en mi lápida. Quiero que se defina por lo que he dejado grabado en las vidas y corazones de aquellos con quienes me he relacionado.

ജ൦ൽ

Básicamente, tus ojos no te muestran lo que ves, sino tus creencias.

ജ൦ൽ

Nada es más auto-saboteador que cuando tus acciones no reflejan tus metas. Tu vida siempre está esperando que le permitas ir a donde tú quieras que vaya... que sea forjada en la forma que tú quieras.

ജ൦ൽ

¿Resoluciones sin cumplir? ¡No te desanimes!

Generalmente, tan sólo unas semanas después del día de año nuevo empiezo a recibir muchos mensajes de correo electrónico de personas que no pudieron cumplir sus resoluciones. Muchos querían perder peso, ganar más dinero, ser mejores cónyuges, ser más organizados, sacar mejores calificaciones, etc.

Aunque los detalles de cada mensaje son diferentes, existe una pregunta en común: "¿Por qué he fallado si es algo que realmente deseo lograr?" Bien, fallas porque el deseo solo no es suficiente. Aunque las metas son importantes, tener un plan de acción es vital para el éxito de estas metas. Tener una meta sin plan de acción es como desear viajar hacia un nuevo destino sin un mapa.

¿Deseas tener éxito en tus resoluciones? Recuerda, si continúas haciendo lo mismo, seguirás recibiendo lo mismo. Si deseas algo nuevo en tu vida, tienes que hacer algo nuevo en tu vida. He aquí una lista de cosas que son muy efectivas y muy útiles para empezar:

Toma los pasos simples y necesarios para empoderarte y enriquecer tu vida.

1. Tómate un momento para aquietar tu mente.

2. Reflexiona sobre tu vida y tus pensamientos.

3. Define tu intención. ¿Cuáles son tus metas? ¿Qué quisieras cambiar en tu vida?

4. ¡Anótalo! (Esto va a ser tu destino final)

5. Ten una clara visión de tus metas y visualízalas como ya realizadas. (Obsérvate logrando estas metas)

6. Decide tomar las acciones necesarias para lograr tus metas.

7. ¡Anótalas! (Esto es tu mapa)

8. Toma acción. Muévete en dirección a tu meta.

9. Mantén la claridad de tu visión. (Está bien si has tenido un mal día. Un giro equivocado no da por terminado tu viaje. Si te sientes perdido, sólo mira el mapa y regresa a tu camino. El mapa siempre te ayudará a encontrar la dirección correcta.)

10. ¡Disfruta tu éxito! ¡Utiliza este sistema y no podrás fallar!

ꕥ

El único poder que tiene el miedo es el poder que tú le das.

ꕥ

La intención es el reflejo del deseo del espíritu para crear en el mundo material.

ꕥ

El banco del amor nunca está en bancarrota.

ꕥ

El idioma de Dios es la acción. Para Dios, la fe es un verbo.

ꕥ

En cuanto al camino de la vida, te darás cuenta en algún momento que ¡TÚ eres el conductor y vas a conducir!

ꕥ

Escucha a los demás. Cuando hablas, estás solo repitiendo lo que ya sabes. Cuando escuchas, estás aprendiendo.

ꕥ

Lo que te está causando dolor es lo que te está fortaleciendo.

ꕥ

Filosofía en acción

¿Cómo sería tu vida diferente si...

Dejaras de preocuparte por las cosas que no puedes controlar y empezaras a enfocarte en lo que sí puedes controlar?

Deja que hoy sea el día...

En que te liberes de preocupaciones inútiles. Toma el mando del día y toma acción verdadera sobre las cosas que puedes cambiar.

¡Haz algo!

Estaba en un avión luego de haber tenido un viaje de trabajo agotador. Estaba un poco de mal humor e irritable porque el horario riguroso al que yo mismo me había sometido me había dejado exhausto. Para evitar hablar con la persona sentada a mi lado y simplemente soportar el viaje, decidí abrir mi periódico y leer un poco sobre lo que estaba ocurriendo en el mundo. Mientras leía me parecía que por todos lados aparecían historias de injusticia, dolor, sufrimiento y personas sin esperanza. Finalmente, impulsado por mi condición de cansancio e irritación, me sentí lleno de compasión y abrumado por la frustración que me causaba el estado de las cosas. Me levanté, fui al baño y estallé en llanto.

Con los ojos llenos de lágrimas, miré hacia el cielo impotente y le grité a Dios.

"¡Dios mío, mira este desastre! Mira todo este dolor y sufrimiento. Mira todos estos crímenes y todo este odio. Dios mío, ¿Cómo pudiste dejar que sucediera todo esto? ¡¿Por qué no haces algo?!"

Justo en ese momento, una sensación de quietud me apaciguó el corazón. Era una sensación de paz que sobrecogió todo mi cuerpo y que nunca más olvidaré.

Cuando me miré a los ojos en el espejo, me llegó la respuesta a mi pregunta...

"Steve, deja de pedirle a Dios que haga algo. Ya lo hizo. Él te dio la vida. ¡Ahora haz algo TÚ!"

ജ്ജ

Si te percibes de manera negativa, el éxito será prácticamente imposible.

ജ്ജ

Creer que ya sabes es lo que te impide saber.

ജ്ജ

Cada vez que ayudas a levantar a alguien, estás ayudando a levantar la humanidad.

ജ്ജ

Acepta que si tus métodos no cambian, tampoco lo harán tus resultados.

ജ്ജ

Posees la habilidad de elegir tus reacciones.

ജ്ജ

El empoderamiento es la habilidad de refinar, mejorar y enriquecer tu vida sin codependencia.

ജ്ജ

Deja de ofrecer elogios inútiles y empieza a ofrecer acciones que tengan sentido.

ജ്ജ

Tú y yo

Cuando me miras, tus ojos se convierten en los míos, porque puedo ver lo mismo que ves y cómo lo ves. No estás sola. Respira conmigo. Escucharé el aliento como una melodía de amor. Juntos inhalaremos nuevo oxígeno; una nueva bocanada de fuerza vital. Déjalo esparcir por todo tu cuerpo espiritual. Déjalo que se conecte con lo que se quiera conectar.

Llora conmigo porque no estás sola. Juntos, nos mantendremos firmes sobre la tierra y dejaremos que su sanación nos impregne. Canta conmigo porque tú y yo somos uno. Sólo podemos respirar juntos. Somos el sol, la luna y las estrellas titilantes.

Vuela conmigo porque somos ángeles en este viaje espiritual. Tú y yo somos lo mismo. Tú y yo somos uno. Eres mi vecina, mi hermana, mi hermano. Déjame envolverte en mi amor y ofrecerte la calidez de mi eterna compasión. No estás sola porque tú y yo somos uno.

ꙮ

Acéptate tal como eres, con tus fortalezas, tus debilidades y tus verdades, y conéctate con las herramientas que posees para cumplir tu propósito.

ꙮ

Tu miedo depende de ti en un 100% para sobrevivir.

ꙮ

Un verdadero visionario me muestra su visión con sus acciones.

ꙮ

Si los humanos se inclinaran hacia la bondad, la religión no sería necesaria.

ꙮ

Creo que mantener una promesa para ti mismo es un reflejo directo del amor que tienes hacia ti mismo. Yo me hacía promesas y se me hacía fácil romperlas. Hoy me amo lo suficiente no sólo como para hacerme una promesa a mí mismo, sino como para además cumplirla.

ꙮ

El Dios al que hemos estado rezando es sordo a nuestras palabras y sólo responde a nuestras acciones.

ꙮ

Es tu estación

Cada tantos meses, una de las estaciones del año empieza a disiparse con elegancia mientras que la siguiente nos recibe con sus refrescantes cambios. El cambio está en el ambiente...

¿Qué tal tú?

¿Vas a permitir que el mundo que te rodea cambie mientras permaneces estancado?

¿Por qué no dejas que esta estación de cambio sea TU estación?

Permite que ésta sea la época en la que una transición refrescante de estación lleve una canción de cambio, que haga danzar tu corazón.

¡Es TU temporada!

Has estado esperando liberarte y dejar salir tu ser superior. Deja que ésta sea la estación para ello.

¡Ya no más rutinas anticuadas!

¡Ya no más preocupaciones, inseguridades y dudas!

¡Ya no más arrepentimientos!

¡No sigas permitiendo que dicten tus estados de humor aquellos que no lo merecen!

¡Ya no permitas que los demás tengan poder sobre ti!

¡Ya no te sientas más vacío e insatisfecho!

¡Ya no permitas que pasen días, semanas, meses y años sin realmente abrazar sus bendiciones!

¡Ya basta!

Hay un cambio en el ambiente. Este cambio nos recuerda que hemos sido creados y hermosamente esculpidos por el mismo poder que está orquestando esta transición. Permite que esta sea la estación en que abrazas y alineas tu ser con este cambio.

Mira a tu alrededor. Todo cambia. Todo en esta tierra está en un continuo estado de evolución, refinamiento, mejoramiento, adaptación y enriquecimiento... es decir, en constante cambio. No te han puesto en esta tierra para permanecer estancado.

Es tu temporada de refinamiento, enriquecimiento, felicidad y éxito.

Haz que ésta sea la época en la que desechas los viejos hábitos que te han impedido la felicidad y el éxito y finalmente permite que florezca tu ser superior.

Ya llegó el momento. TU momento es ahora.

Es tu estación.

Y recuerda, estoy aquí para apoyarte.

La verdad...

¡Hoy es un nuevo día!

Hoy es un hermoso día porque es un regalo.

Muchas personas en el mundo no han recibido este regalo.

Recibiste el regalo del día de HOY. ¿Qué vas a hacer con él?

¡Hoy es un nuevo día!

Si deseas ser mejor padre o madre, ¡hoy es el día!

Si deseas ser mejor hijo o hija, ¡hoy es el día!

Si deseas perdonar a aquellos que te han hecho daño, ¡hoy es el día!

Es cierto, este regalo es tan preciado que...

Si deseas tomar los pasos para mejorar tu salud, ¡hoy es el día!

Si deseas ser caritativo, ¡hoy es el día!

Si deseas orar por un amigo en problemas, ¡hoy es el día!

Lo que quieras hacer con el regalo de HOY depende de ti.

Si deseas mejorarte o mejorar tu vida o la vida de los demás de cualquier manera, ¡¡¡hoy es el día!!!

¡¡Bienvenido al día de hoy!!

Desafortunadamente, la verdad es generalmente la primera víctima en una interacción entre dos personas.



El poder de cambiar tu vida radica en el más sencillo de los pasos.

Existe una gran diferencia entre tener fe para creer y tener fe para recibir.

Tienes que crear el espacio para que Dios lo llene.

A veces la prisión causada por el miedo es tan poderosa que no hay necesidad de cerrar sus puertas con llave. Tu miedo te inspira a crear una prisión personal.

Disfruta el día de hoy. Es lo que tus sentidos perciben en este momento.

Entona la canción de tu corazón, y aquellos que te escuchen, danzarán a su ritmo.

La estructura religiosa a menudo diluye la experiencia espiritual.

La G de gratitud

Sé que a veces es difícil mostrar gratitud. Sé también que a veces es difícil ser feliz. Si estás leyendo un libro que te dice que siempre debes estar feliz, deséchalo.

Eres un ser humano; una criatura dimensional y multidimensional. No eres de una sola dimensión. Es imposible que siempre estés feliz. No existe un imán con un solo polo.

Ahora bien, estar contento es algo diferente.

Quiero que te des cuenta que nuestro universo está en equilibrio, tanto como si lo miras desde el punto de vista científico y dices "bueno, para cada acción existe una reacción igual y opuesta y todo tiene sus altos y bajos," como desde el punto de vista espiritual en el cual dices "Dios ha equilibrado el universo, existe el bien y el mal y existe Dios y también el demonio." Desde cualquier punto de vista que elijas, la verdad es que el universo está en equilibrio.

Siempre tendrás la opción de celebrar que las espinas tengan rosas o de quejarte de que las rosas tengan espinas. Siempre tendrás esa opción.

Te estoy pidiendo que elijas la gratitud.

¿Qué significa esto? Simplemente, que puedes optar por empoderar tu acuerdo con la realidad. Es decir, te estoy pidiendo que, si observas tu situación, ¿podría ser posible que la estuvieras mirando de una manera desempoderada?

¿Estás observando tu situación correctamente? ¿Cómo la estás viendo?

¿Podría ser tu interpretación de tu situación lo que te está haciendo miserable?

Recuerda, la energía atrae energía. De modo que si te sientes infeliz en tu situación debido a que no estás mostrando gratitud, entonces estás atrayendo más energía negativa hacia ti.

Entonces, ¿De qué te sientes agradecido?

Uno de mis escritores favoritos, Byron Katie, sugiere que hagas una lista. Empieza con 100, luego 1000, luego 10,000.

Te sorprenderás cuando empieces a concentrarte en tu lista. Cuando piensas detenidamente en eso, hay muchas cosas de las que puedes estar agradecido en tu vida.

También podrás ver algunas cosas que probablemente no habías visto con más percepción; algunas semillas valiosas que no estabas reconociendo.

La Biblia nos cuenta que los hijos de Israel siendo esclavos, pidieron un guerrero; un soldado que les ayudara a salir de su esclavitud, y Dios les envió a Moisés. Sin embargo, Moisés no vino como guerrero o soldado, sino como un bebé. Apareció como un bebé indefenso que nadie reconoció como el guerrero que se enfrentaría al faraón. Nadie sabía que esta semilla contenía lo que habían pedido. No reconocían el valor de esa semilla.

Empecemos por observar y reconocer los valores de las semillas de nuestras vidas.

Una actitud de agradecimiento puede liberarte de la prisión del desempoderamiento y de los grilletes de la infelicidad.

¿Qué ves, una bellota o un roble?

Tienes que darte cuenta de que el árbol se encuentra en la semilla.

El halcón, el águila, ambos están en el huevo.

Así ocurren las cosas.

Hay muchas personas interesadas en la Ley de Atracción en estos días, y eso nos ayuda a comprender que tu semilla es tu intención inicial y ocurre cuando tus acciones reflejan esa intención.

Debes reconocer el valor de la semilla.

Cuando te sientes agradecido por algo, tal como los mensajes de correo electrónico que he recibido de personas afectadas por el huracán Katrina, dirías cosas como éstas: "Al principio me sentí muy infeliz porque había perdido mi casa. No me daba cuenta que si no hubiese perdido mi casa no habría sentido la obligación de regresar a la Universidad, ni tendría ahora un mejor empleo. Si no hubiera perdido esa casa, nunca habría tenido que sacar a mis hijos de aquel vecindario para llevarlos a uno mejor. Fue difícil por un tiempo, pero sólo porque no estaba viendo claramente mi situación. No me había abierto a la posibilidad de que algo bueno podría surgir de esta tragedia."

Mi vida no es muy diferente a la tuya. Créeme, yo paso por las mismas cosas que te pasan a ti. A ti te dan dolores de cabeza y te ocurren situaciones estresantes mientras lidias con las personas. Yo paso por todo eso al igual que tú. Yo también tengo familiares y algunos son agradables y otros no. Tengo amigos y conocidos, y algunos son agradables y otros no, algunos te usan y otros no. Me pasa lo mismo que a todos ustedes. Estoy en el mismo planeta que ustedes y nos ocurren las mismas cosas.

Me he dado cuenta de que en cualquiera de los momentos en que pensé que estaba pasando por una situación horrible, resultó que lo que veía como mi peor situación, en realidad había sido mi mejor enseñanza.

Aprendí que los mensajes más valiosos de mi vida han surgido de los problemas más desastrosos.

De modo que te formulo las preguntas: ¿Podrías estar viendo tu situación de una manera negativa y desagradecida? ¿Qué mensaje puedes captar de tu situación? ¿Te sientes agradecido por ese mensaje?

Ninguna situación viene con título. El título se lo pones TÚ. Voy a compartir contigo una verdad que ha sido clave para mi éxito, y es la siguiente: nada puede ocurrirme... nada que Dios no haya permitido puede ocurrir en esta hermosa tierra. Encuentro paz en esa verdad. Siento la fortaleza de saber que todo está alineado con nuestro universo en perfecta evolución. Mi trabajo es reconocer el valor de las semillas.

De modo que, observa tu vida y tu situación. Agradece. Dios te está susurrando al oído un bonito mensaje. Lo sé porque este universo está en equilibrio. No puede ser de otro modo.

> *Busca una meta, un destino final y un buen mapa. Si no sabes a dónde vas, cualquier camino te llevará.*

Filosofía en acción

¿Cómo sería tu vida diferente si...

Pretendieses que aquellos que te rodean son sordos a tus palabras?

Deja que hoy sea el día...

En que permitas que tus acciones hablen y comuniquen tus sentimientos e intenciones.

ꕥ

Planifica tu éxito. Vive tu éxito... actúa como si ya lo hubieras logrado.

ꕥ

Existe una abundancia de poder que se puede hallar en las cosas más sencillas.

ꕥ

Una herida al ego a veces es más dolorosa que la rotura de un hueso.

ꕥ

Logramos un cambio real y duradero cuando ayudar a los demás sea una forma de vida en vez de un negocio.

ꕥ

No importa lo que hiciste o dónde estuviste, lo que importa es dónde estás y qué estás haciendo.

ꕥ

Si no estás en el ahora, no estás en ninguna parte.

ꕥ

No hay nada más hermoso que ver a una persona siendo ella misma. Imagínate vivir tu día siendo auténticamente tú, sin disculpa.

ꕥ

ꟾ

No es suficiente desear el cambio. Debes vivirlo para que se convierta en realidad.

ꟾ

La verdadera dinámica de una amistad o relación exitosa es cuando el respeto es mutuo y recíproco.

ꟾ

Cuando enfocamos nuestra atención en las cosas del pasado o el futuro, debilitamos la experiencia del momento. Hoy es el día en que puedes liberarte de eso.

ꟾ

La vida no se vuelve más fácil o benevolente: somos nosotros quienes nos hacemos más fuertes y flexibles.

ꟾ

Nada es menos popular que la verdad.

ꟾ

Hoy puedes formar tu día. ¡Crea una obra maestra!

ꟾ

Hacer lo correcto y hacer lo más difícil, por lo general, es lo mismo.

ꟾ

¿Por qué tú no?

Hoy despertarán muchas personas con una sensación de inspiración renovada. ¿Por qué tú no?

Hoy muchas personas abrirán sus ojos a la belleza que les rodea. ¿Por qué tú no?

Hoy muchas personas optarán por dejar atrás el fantasma del ayer y aceptar el poder inconmensurable del día de hoy. ¿Por qué tú no?

Hoy muchas personas romperán las barreras del pasado al observar las bendiciones del presente. ¿Por qué tú no?

Hoy, para muchos, el peso de la falta de confianza e inseguridad personal será suprimido por la seguridad y la confianza del empoderamiento. ¿Por qué tú no?

Hoy muchos irán más allá de sus impuestas limitaciones y harán contacto con su fortaleza interior natural. ¿Por qué tú no?

Hoy muchos optarán por vivir de tal manera que serán un modelo positivo para sus hijos. ¿Por qué tú no?

Hoy muchos optarán por liberarse de la prisión personal que se han impuesto a través de sus malos hábitos. ¿Por qué tú no?

Hoy muchos escogerán vivir libres de las condiciones y reglas que hasta ahora han gobernado su propia felicidad. ¿Por qué tú no?

Hoy muchos encontrarán abundancia en la simplicidad. ¿Por qué tú no?

Hoy muchos tendrán que enfrentar opciones morales difíciles y optarán por hacer lo correcto en vez de lo que les ofrezca mayor beneficio. ¿Por qué tú no?

Hoy muchos decidirán cambiar su cómoda mentalidad de víctimas, y se harán responsables de sus vidas para hacer cambios positivos. ¿Por qué tú no?

Hoy muchos tomarán la acción necesaria para provocar un impacto. ¿Por qué tú no?

Hoy muchos se comprometerán a ser mejores padres, madres, hijos, hijas, estudiantes, maestros, trabajadores, jefes, hermanos, hermanas y mucho más. ¿Por qué tú no?

¡Hoy es un nuevo día!

Muchos lo aprovecharán.

Muchos lo vivirán al máximo.

¿Por qué tú no?

ഇന്ദ

La felicidad no es la ausencia de problemas. Es la habilidad de lidiar con ellos.

ഇന്ദ

Existe una ley universal: la INTENCIÓN es la causa, tu vida es el efecto.

ഇന്ദ

Tu Ser Superior te ha estado esperando toda tu vida. No le hagas esperar más tiempo.

ഇന്ദ

La mentalidad social reduce mucho los poderes personales.

ഇന്ദ

Hoy es el único día en el que tenemos poder.

ഇന്ദ

Entrégate a plenitud a los que te rodean. Sé generoso con tus bendiciones. Un gesto de bondad puede llegar a tocar una herida que solo la compasión puede curar.

ഇന്ദ

Tu simple sonrisa puede iluminar los lugares más oscuros.

ഇന്ദ

Las cinco verdades

Verdad # 1: Hoy es el único día en el que tenemos poder.

Hay dos días de la semana sobre los que no nos tenemos que preocupar. Aunque sean los días que comúnmente nos causan ansiedad, estrés y miedo, siguen siendo los días sobre los cuales no tienes ningún poder.

Uno de estos es el día de ayer, con todos sus errores y preocupaciones, sus altibajos, sus dolores e incomodidades. El día de ayer pasó. Nada en el mundo lo puede regresar. No podemos deshacer nada de lo que ocurrió. No podemos borrar ni una sola palabra que dijimos. El día de ayer se fue.

El otro día por el que no debemos preocuparnos es mañana, con sus posibles problemas, agobios, sueños y pesadillas. Mañana es el día que todavía está por vivir y está fuera de nuestro control. Mañana, el sol saldrá y nos dará la bienvenida sin reglas, sin restricciones y con ilimitadas oportunidades. Sin embargo, no tenemos control sobre el día de mañana porque no lo hemos visto todavía.

Esto nos deja un solo día. Nuestra bendición vital: ¡El día de HOY!

No digo que es incorrecto planificar el futuro. Sólo te advierto que no conviertas el día de hoy en una víctima de esos planes.

Disfruta el día de hoy. Es lo que captan tus sentidos en este momento. Es lo que nosotros como seres humanos estamos preparados para manejar. *Es el ÚNICO día sobre el cual tenemos poder.* Podemos librar las batallas de un solo día, pero es cuando agregamos los agobios de dos días incontrolables, ayer y mañana, que nos sentimos abrumados.

Tómate un momento para observar internamente las cosas que te producen estrés. Muy a menudo, no son los asuntos del día de hoy los que privan tu serenidad; es más frecuente el fantasma de lo que ocurrió ayer y el miedo e inseguridad de lo que pueda traer mañana.

No permitas que tu espíritu se agobie ni que se limite tu felicidad por un día al que no puedes regresar y por otro día que todavía no existe.

Olvídate de ayer, que ya se olvidó de ti. No sufras por un mañana que todavía no conoces.

Más bien, abre tus ojos y tu corazón a un verdadero y preciado regalo: el día de hoy.

¡Aprovéchalo! ¡Disfrútalo! ¡Vívelo al máximo!

¡Hoy es un nuevo día!

Verdad #2: Tu acuerdo con la realidad define tu vida.

He oído a mucha gente formularse la siguiente pregunta filosófica: ¿Qué es la vida? Te diré lo que es. La vida es la definición que tú le das a los eventos que ocurren. Lo diré de nuevo. La vida es la definición que tú le das a los eventos que ocurren.

La vida es definida según las etiquetas que le vas poniendo. Es por eso que esa pregunta filosófica obtiene tantas respuestas diferentes.

Algunas personas dicen que la vida es dura, o que es una fiesta, o que es como estar en la playa, que es como un aula escolar, que es terrible, que es un baile, etc. La vida puede ser todo esto y más. Tan sólo depende de la persona y su acuerdo con la realidad.

Verás, ningún evento en la vida viene con su etiqueta. El único que le pone la etiqueta eres tú. Es cierto que donde algunas personas ven obstáculos, otras ven escalones. ¿Cuál de las dos es la verdad? AMBAS. Tan sólo depende del acuerdo que esa persona tenga con la realidad. Si lo define como un obstáculo, lo será y tendrá que luchar contra ello. Si lo define como un escalón, entonces lo será y la persona logrará el éxito.

Siempre vas a definir los eventos en la manera como validan tu acuerdo con la realidad.

En otras palabras, si un individuo tiene una mentalidad de víctima, su acuerdo con la realidad hará que vea un obstáculo que, cuando se interponga en su camino, dirá "Ya ves, sabía que no lo iba a lograr." O, "sabía que algo saldría mal." Validará su acuerdo con la realidad y eso definirá su vida.

¿Cuál es tu acuerdo con la realidad? Debes observar cuidadosamente cuál es tu acuerdo con la realidad. Si la percibes en una manera negativa, será prácticamente imposible tener éxito.

Por otra parte, si puedes transcender la oscura rutina del pensamiento desempoderado hacia la luz brillante de un acuerdo empoderado con la realidad, verás oportunidades y no barreras.

Verás la meta final y no los obstáculos.

Ya no te quejarás de que las rosas tienen espinas sino que celebrarás que las espinas tienen rosas.

Ese es un pensamiento empoderado.

Verdad #3: Hay una diferencia entre creer y saber.

Si crees que puedes, quizás puedas. Si sabes que puedes, podrás.

La palabra creer implica un cuestionamiento. Por definición, existe un grado de incertidumbre. Piénsalo bien, si crees con certidumbre, entonces no dirías "yo creo," sino que dirías "YO SÉ."

Saber algo es estar seguro de eso. No existe cuestionamiento alguno. No existen dudas cuando SABES algo.

Cuando llegas a entender esta verdad y la aplicas a tu acuerdo con la realidad, el avance en tu habilidad y posibilidad de lograr el éxito es inconmensurable.

Soy el tipo de persona convencido siempre de mi habilidad, y que toma pasos calculados y llenos de propósito hacia la meta que sé que voy a alcanzar.

Recuerdo una historia que escuché un día relacionada a una comunidad; decía algo así...

Hace algunos años, una pequeña comunidad campesina estaba pasando por una terrible sequía. Los líderes de la comunidad hicieron un llamado para reunirse en oración con la esperanza de que todos asistieran y oraran a favor de la lluvia.

Uno de los hombres llegó con su pequeño hijo. Mientras los demás oraban, el pequeño le jaló la manga de la camisa y le preguntó: "¿Papá, que están haciendo?" El hombre explicó que todos estaban orando para que lloviera y que creían que eso iba a ayudar. El padre regresó a su oración.

El niño miró a su alrededor por unos minutos más, todavía perplejo. Le jaló la camisa a su padre de nuevo y le preguntó: "Papá, si todos los que están aquí vinieron a orar por la lluvia y además creen que va a llover, ¿Por qué nadie trajo un paraguas?"

Tómate ahora un momento para reflexionar en esto...

¿Qué crees que puede ser más efectivo para lograr el éxito, creer que puedes o SABER que lo harás?

¡Deja que hoy sea el último día en que tomaste pasos inseguros en creer y empieza a tomar pasos seguros llenos de propósito en saber!

Verdad # 4: El cambio es el padre del progreso.

Si continúas haciendo lo que estás haciendo, continuarás recibiendo lo que estás recibiendo. Sin cambio, el progreso es imposible.

Si lo piensas, es ridículo hacer la misma cosa una y otra vez y esperar que algo cambie. Pero, ¿Cuántos de nosotros no hemos hecho esto? ¿Cuántos de nosotros continuamos haciéndolo?

¡Ya es hora de cambiar! Hoy tienes una oportunidad de alinear tus acciones con tus metas.

Cuando tomamos una resolución o establecemos una meta es importante que tomemos la ACCIÓN necesaria para lograr esta meta. No puedes continuar por el mismo camino y pretender llegar a un destino final diferente. Decídete a vivir de una manera en que tus acciones reflejen tus metas.

¡Despierta! Haz algo diferente. Da pasos calculados y planeados hacia una nueva meta o un nuevo ser. Es la única manera de asegurarte de que no vas a recibir los mismos resultados en tu vida.

Se dice que cuando Tomás Edison estaba experimentando con la bombilla de luz, ya había hecho mil pruebas sin resultados. Cuando le preguntaban al respecto, Edison respondía: "En realidad he obtenido muchos resultados. Ahora conozco mil cosas que NO funcionan."

Tú también ya sabes lo que NO funciona, ¡entonces deja de hacerlo!

La fórmula es sencilla, haz algo diferente y recibirás algo diferente.

¡Opta por trazar y seguir un nuevo camino!

Verdad #5: Tus acciones deben reflejar tus metas.

Cuando se trata de éxito, cambios, logros y de vivir tu propósito, la intención es vital. Debido a esto, a menudo la intención recibe el 100% del crédito por el éxito, el cambio y la "manifestación" de la vida ideal. Una tragedia desafortunada en este proceso mental es que se pierde un componente igualmente vital, pero mucho menos popular para mejorar la vida: la acción.

Si la intención fuera suficiente, si fuera todo lo que necesitas para obtener lo que deseas, es decir, si desear algo con tu corazón y visualizarlo fuese suficiente, y si colgaras fotos de lo que quieres lograr o simplemente con tu deseo fuese suficiente, y si meditar sobre ello fuese suficiente, entonces todos los adolescentes estarían conduciendo un carro deportivo último modelo, o jugando en un equipo deportivo profesional o estarían cantando en una banda musical.

Pero, la realidad es que la intención por sí sola no es suficiente. Piénsalo, ¿cuántas personas que conoces DESEAN estar en una situación diferente a la que están, pero continúan haciendo lo mismo que los llevó ahí? Por supuesto, su intención para hacer un cambio positivo está ahí, pero no hay una acción que refleje ese propósito, y por lo tanto, no hay progreso y no hay cambio.

Sólo cuando tu intención y tus acciones están alineadas, puedes crear la realidad que deseas. Aunque la intención es la semilla de la manifestación, la acción es el agua que nutre la semilla. Tus acciones deben reflejar tus metas para poder lograr un verdadero éxito.

Si quieres tener éxito, haz un plan y toma las acciones que reflejen tus metas.

La acción es el lenguaje universal del éxito.

A veces los mensajes más poderosos se encuentran en los problemas más complicados.

ꟊ

El amor no tiene limitaciones. No puede ser medido. No tiene fronteras. Aunque muchos lo han intentado, el amor es indefinible.

ꟊ

Nada cambiará a menos que tú cambies primero.

ꟊ

Cuando desees nutrirte espiritualmente, es en las oportunidades de servir a los demás que encontrarás la abundancia que buscas.

ꟊ

El día de hoy te da la bienvenida con un abrazo y un beso. ¿Cómo le corresponderás?

ꟊ

La libertad es más que solo una palabra y un concepto patriótico. Es la intención más pura de Dios.

ꟊ

Creo que nunca podremos estar preparados para el nivel de batalla en el que pelea la ignorancia.

ꟊ

Mis errores han sido mis mejores maestros.

ꟊ

ꕥ

Sólo a través del amor verdadero y la compasión es que podemos empezar a enmendar lo que está roto en el mundo. Sólo estas dos bendiciones pueden empezar a sanar todos los corazones rotos.

ꕥ

Aquellos que tienen la habilidad de ser agradecidos son los que tienen la habilidad de conseguir la grandeza.

ꕥ

¿Cómo cambiaría tu vida si dejaras que tus acciones hablaran por sí mismas y utilizaras la voz sólo para decir por favor y gracias?

ꕥ

Recuerda, nada en esta vida viene con etiqueta. Tú eres el que pone la etiqueta.

ꕥ

No dejes que al final de tu día haya excusas, ni explicaciones ni remordimientos.

ꕥ

No soy lo suficientemente arrogante como para decirte lo que el futuro te aguarda, pero tengo suficiente fe como para recordarte quién está a cargo del futuro.

ꕥ

Pretende que Dios está sordo
Aprende el idioma de Dios

Por haber sido criado católico y haber leído muchas veces las Sagradas Escrituras, siempre me preguntaba de manera personal, e incluso cuestionaba, la naturaleza de Dios y el poder de la oración.

Me preguntaba por qué, habiendo millones de personas alrededor del mundo que han orado por la paz, siempre ha existido la guerra. También, por qué un incalculable número de personas han orado por la salud y hemos estado plagados de enfermedades. Por qué muchos han orado por la abundancia, pero han sentido el hambre. No pude evitar preguntarme a mí mismo por qué un Dios eternamente amoroso podría ignorar estas peticiones.

Un día, en un momento de frustración, me llegó una revelación. Busqué rápidamente en las Escrituras y también pensé sobre mi propia vida y las oraciones que sentí que no me fueron respondidas. Me di cuenta que quizás no es que nunca fueron respondidas, sino que nunca fueron escuchadas.

Como ves, me di cuenta que el idioma de Dios es acción. Aunque ha sido una idea popular la de convertir a Dios en algo similar a los viejos mitos de un genio en una botella que simplemente otorga deseos a los que se lo encuentran, esa representación de Dios no está basada en nada que haya sido escrito o experimentado.

Dios es sordo a tus palabras. Dios es sordo a cualquier cosa que no haya sido impulsada por la acción. Fuimos diseñados por este Creador majestuoso con todas las herramientas que necesitamos para emitir oraciones poderosas a través de nuestras acciones. Este no es un Dios que simplemente quiere verte de rodillas orando en vano; Él quiere verte de pie viviendo tu oración.

Ahora finalmente entiendo por qué Jesús le dijo a sus discípulos: "Cuando oras y pides algo, actúa como si ya lo hubieras recibido y se te dará lo que pidas."

¿Cómo cambiaría tu vida si pretendieras que Dios está sordo? ¿Cómo cambiarían las cosas si cambias el lenguaje en el que le hablas a Dios? Qué tal si, en vez de sólo orar por la paz, en realidad la vivieras... en vez de orar por la salud, la vivieras... en vez de orar por tu éxito, lo vivieras...

¿Qué tal si actuaras o te convirtieras en lo mismo que oras?

El amor, la paz, el éxito, la salud... éstas no son cosas que uno adquiere ni tampoco cosas con las que uno sueña; tampoco son milagros por los que uno ruega. Estas son cosas que experimentas como consecuencia de lo que vives. No es algo que tienes; es algo que haces.

Filosofía en acción

¿Cómo sería tu vida diferente si...

Cambiaras tu lista de "cosas por hacer" por una lista de "oportunidades?"

Deja que hoy sea el día...

En que miras cada uno de tus días como un cofre de tesoros lleno de ilimitadas oportunidades y disfrutas de marcar muchas de ellas como realizadas.

ᘛᘚ

Un giro equivocado no da por terminado tu viaje. Si te sientes perdido, simplemente mira el mapa y toma de nuevo tu camino. El mapa siempre te guiará en la dirección correcta.

ᘛᘚ

La mente empoderada gravita hacia la libertad y te ayuda a liberarte de todas las limitaciones.

ᘛᘚ

Una vida en donde eliges tus opciones está llena de amor, felicidad y gratitud por cada día.

ᘛᘚ

Cuando haces lo que amas, lo que parece imposible se convierte simplemente en un reto, lo arduo se convierte en resistencia con propósito, lo difícil pierde su filo y es pisoteado por tu progreso.

ᘛᘚ

He aprendido que pensar de manera empoderada es una opción, un estado mental. Es la habilidad de disfrutar una rosa sin preocuparte por las espinas. Es la habilidad de celebrar una vida aunque ya haya terminado. Es ver las flores aún durante la tormenta.

ᘛᘚ

Deja que el brillo de tu corazón se refleje en tu alma.

ᘛᘚ

Un día a la vez

Da la impresión de que todo el mundo está muy ocupado en estos días. Comprendo que muchas veces el estrés del trabajo y la familia nos hace perder fácilmente el enfoque y convierte a los días en algo confuso. Mi vida no es diferente a la tuya. Yo también parezco tener que mover una montaña de trabajo pero sólo tengo una cuchara para cavar. Pero quiero compartir contigo una simple VERDAD que me ayuda a lograr lo que tengo que hacer sin dejar al mismo tiempo de perder mi enfoque.

Aunque el tiempo parece pasar volando, nunca va más rápido que un día a la vez. Cada día nos presenta una nueva oportunidad de vivir nuestras vidas al máximo. En cada día encontrarás montones de bendiciones y oportunidades para lograr un cambio positivo. ¡No permitas que el día de HOY te lo robe el fantasma de ayer ni la lista de "cosas por hacer" de mañana!

Aprovecha el poder del día de hoy. ¡No dejes escapar las bendiciones del día de hoy! Haz que algo ocurra, enriquece tu vida, haz reír a alguien, ayuda a un amigo, ¡ama, ama, ama!

Opta por hacerlo – ¡HOY!

¡Hoy es un nuevo día!

ꕥ

Solamente nos toma una fracción de segundo sonreír y olvidar, pero para alguien que lo necesite le puede durar toda una vida. Todos deberíamos sonreír más a menudo.

ꕥ

Busca contentamiento en cada persona que conozcas.

ꕥ

No digo que esté mal planear el futuro. Sólo te advierto que no conviertas el día de hoy en víctima de esos planes.

ꕥ

La felicidad tiene que ver con tu estado mental, no con las circunstancias externas.

ꕥ

En una relación sólida entre dos personas debes amar a tu compañero(a) mucho más de lo que lo(a) necesitas.

ꕥ

Es importante que nos perdonemos a nosotros mismos por cometer errores. Necesitamos aprender de ellos y continuar nuestro camino.

ꕥ

Tu verdad y tu circunstancia

¿Quién eres?

Muy a menudo le prestamos atención a las cosas que nos ciegan de la verdad de nuestro verdadero ser. Perdemos la perspectiva de nuestra posición en la vida y se nos olvida que somos hijos de Dios, creados individualmente con las herramientas necesarias para cumplir con nuestro propósito.

En vez de mantenernos enfocados en la verdad de nuestra posición divina, tendemos a mirar y a otorgarle poder a nuestras circunstancias temporales. Luego nos identificamos con estas circunstancias y las confundimos por nuestra verdad.

"Estoy gordo, en bancarrota, divorciado, soy alcohólico, etc..."

¡Éstas no son nuestras verdades! Son circunstancias temporales que, si nos enfocamos en ellas y les damos poder, nos cegarán ante nuestra verdadera grandeza y propósito. Cuando te identificas con estas circunstancias y no con tu verdad, es fácil sentirse impotente, abrumado y deprimido.

¿Te sientes atascado en una rutina? ¿Estás cansado de seguir con la misma mentalidad de "la misma basura todos los días?"

Cuando una circunstancia temporal te ciega a la belleza y poder de tu verdadera posición, es fácil caer en una mentalidad de frustración y desempoderamiento.

Es cuando entiendes tu verdadera posición que puedes manejar efectivamente cualquier circunstancia. Cuando te das cuenta que, aunque la circunstancia exista, tú no eres la circunstancia, puedes liberarte de esa mentalidad de desempoderamiento y vivir en alineación con tu verdad.

Estás aquí para cumplir un propósito. Una posición en la cual Dios te ha colocado. ¡Vívela hoy!

Deja de ser una víctima de tus propias circunstancias.

꧁꧂

Es cuando sentimos dolor que aprendemos.

꧁꧂

El poder innato que posees para lograr tus sueños no tiene medida.

꧁꧂

No es suficiente hablar del cambio, ¡tienes que VIVIR el cambio!

꧁꧂

El estrés es como el pulso, si lo tienes es porque estás vivo.

꧁꧂

A veces tienes que dar esos primeros pasos, da un salto de fe e inspira a Dios para que te atrape.

꧁꧂

Libérate de la prisión de tus propias creencias y prejuicios limitantes.

꧁꧂

Identifica las cosas y las personas que te hacen sentir infeliz y elimínalas de tu vida. Nada bueno puede venir de ellas.

꧁꧂

Más allá de la intención

La intención es un reflejo del deseo del espíritu de crear en el mundo material. La única manera en que se puede realmente convertir ese deseo en una realidad física es a través de la acción. La intención sin una acción dedicada simplemente no es suficiente. La acción sin una intención clara es un desperdicio. Es cuando estas dos poderosas fuerzas se alinean, que la energía del universo conspira a tu favor.

La intención y la acción son el combustible y el vehículo en el viaje de la creación. Cuando estableces un destino final definiendo lo que deseas, entonces tomas la acción física necesaria eligiendo lo que te lleva hacia ese destino; la posibilidad del éxito es ilimitada y la llegada a ese destino es inevitable.

¡Balancea estas dos poderosas fuerzas en tu vida! Demasiada intención unida con muy poca acción es una fórmula para la frustración y una existencia impotente. Demasiada acción con muy poca intención crea un desperdicio de energía y confusión entre el movimiento y el progreso. Es en el balance de estas fuerzas que las semillas de la felicidad, el éxito y la creación son regadas y nutridas para el crecimiento.

Hoy es el día en que puedes agarrar las riendas de estos super poderes y poner a trabajar a tu favor su potencial ilimitado para ti. El universo conspira contigo desde el momento en que le envías un claro mensaje de una intención equilibrada con una acción. ¡Envíale ese mensaje hoy!

ꕥ

Hoy muchos despertarán con una nueva sensación de inspiración. ¿Por qué tú no?

ꕥ

Filosofía en acción

¿Cómo sería tu vida diferente si...

Dejaras de validar tu mentalidad de víctima?

Deja que hoy sea el día...

En que te deshagas del drama que te desempodera
y adoptes tu habilidad innata de recuperarte
y lograr algo.

El Ego:
Celebra lo que eres

Muchos escritores y filósofos hablan del ego y a menudo debaten sobre si debemos aceptarlo o “liberarnos” de él. ¿Pero, cómo podemos definir el ego? ¿Es necesario que lo definamos como auto-engrandecimiento o egoísmo, o podemos simplemente definirlo como la celebración e identificación de nuestro ser?

Me encanta disfrutar el arte de la naturaleza y la fotografía. Me quedo sin aliento ante la belleza de esta hermosa tierra; desde el hermoso amanecer que explota en una celebración multicolor de un nuevo día hasta el sereno atardecer con su feliz susurro durante el transcurso del día; desde las hermosas y majestuosas cordilleras de montañas hasta las playas de arena blanca; desde los poderosos océanos hasta los hermosos campos repletos de flores. Me encanta ver y celebrar toda la belleza que se encuentra en esta tierra encantadoramente esculpida a mano con la que Dios nos ha bendecido.

Sé que no estoy solo en esta admiración por la belleza. Por todo el mundo las personas tienen fotos y pinturas en sus casas de algunas de estas escenas terrenales. En los museos podemos encontrar el trabajo de artistas que capturan esta belleza, es prominentemente exhibida, y muchas personas pagan para ver y admirar sus trabajos.

Permíteme preguntarte lo siguiente: si está bien reconocer y celebrar el trabajo de los artistas, y si está bien celebrar algo hecho por un ser humano, ¿Por qué no celebrarías algo hecho por Dios? Dios te creó. Dios te esculpió a mano para que cumplas un propósito en este grandioso planeta. Tú eres tan majestuoso como las montañas y tan hermoso como un campo de flores. Creo que tener un ego es simplemente reconocer y celebrar el trabajo de Dios.

Esto no significa que debes ser egoísta. Tampoco significa que debes considerarte mejor que los demás. Significa que eres un individuo y que está bien reconocer que Dios te hizo como un individuo con un propósito. No le des la espalda a esta realidad, ¡acéptala y celébrala!

¡Gracias por ser tú mismo!

ꙮ

Apegarse a los problemas de ayer o a las inseguridades de mañana destruirá el día de hoy.

ꙮ

Tus percepciones crean tu realidad.

ꙮ

Abraza tu espiritualidad pero no le des la espalda a tu humanidad.

ꙮ

Olvídate del ayer, porque ya se olvidó de ti. No te afanes por el mañana, porque todavía no lo has conocido. Más bien, abre tus ojos y tu corazón a un verdadero y preciado regalo: hoy.

ꙮ

En este mundo que nos mantiene tan ocupados, nunca deberíamos ser extraños al amor y la compasión. Son la tierra fértil en el jardín de la paz.

ꙮ

Debemos trascender la ilusión de que el dinero o el poder tienen alguna influencia en nuestro valor como hijos de Dios.

ꙮ

ꟹ

Leer La Biblia te ayudará a conocer la palabra; pero es cuando la aplicas en tu vida que conoces al autor.

ꟹ

Cuando estás enamorado, tu alma se siente saludable.

ꟹ

El remordimiento es una cicatriz espiritual.

ꟹ

No le tengas miedo a tu pasado. Aprende de él para que pueda empoderar tu presente.

ꟹ

El miedo puede sólo crecer en la oscuridad. Cuando lo enfrentas con la luz, lo vences.

ꟹ

Esconderte de tu historia sólo te encadena a ella. Es mejor que la enfrentes y de este modo te liberes.

ꟹ

Es inspirador ver todas las cosas asombrosas y maravillosas que pueden ocurrir en un día en el que eres partícipe.

ꟹ

Relaciones interpersonales
¡¿Por qué dices tantas mentiras?!

Reflexiones desde un aeropuerto... he llegado una hora y media antes del vuelo de regreso a Nueva York, y estoy sentado aquí en la puerta de embarque viendo a las personas pasar. Es impresionante lo que puedes captar cuando observas a las personas. Puedes casi sentir el estrés en algunas personas mientras que no puedes evitar sino sonreír ante la felicidad de otras.

No tenía intención de sacar mi computadora y escribir. Tuve un viaje con mucha acción que me permitió muy poco tiempo libre, así que me contenté con mirar a las personas a mi alrededor y reflexionar sobre los eventos de este viaje. Pero, mientras estaba sentado allí, se acercó una pareja que estaba teniendo una discusión obviamente acalorada. A medida que subía la tensión, escuché (además de todas las personas que se encontraban en un radio de unos 15 metros) a la mujer exclamar "¡¿Por qué dices tantas mentiras?!"

Su válida pregunta me hizo pensar en las relaciones y la honestidad. Y por supuesto, en ese momento saqué la computadora y empecé a escribir de nuevo.

Pues, he aquí mi breve reflexión sobre las relaciones y la honestidad.

Me siento bendecido con lo que hago pues me brinda la oportunidad de conocer a muchas personas del mundo y de establecer relaciones con ellos. Tanto si son relaciones de negocios como relaciones personales, siempre estoy en el proceso de forjar una relación. A través de los años, una y otra vez me he encontrado con una gran cantidad de personas que simplemente son falsas.

Sé que no sólo me ocurre a mí. ¿No te has encontrado también con este fenómeno de "gente falsa"? Algunos son francamente falsos y se les nota a leguas. Otros han refinado su talento de vivir de manera ficticia hasta el punto en que casi es imposible detectarlo.

No estoy seguro por qué a la gente se le hace tan fácil mentirle a otros. Estoy seguro que tienen algún método de sentirse víctimas para luego justificarse. Por lo tanto, quisiera ofrecerles un pequeño consejo.

Se me ocurre una idea... cuando empiezas cualquier tipo de relación, sea que dure una hora, o un año o más, simplemente sé honesto.

Suena simple, pero por alguna razón, la honestidad tiende a ser la primera víctima en una relación entre dos personas.

No es bueno ser deshonesto con los demás, pero por ahora dejemos a un lado el efecto que esto causa en los demás. Enfoquémonos en nosotros mismos.

¿Por qué ser deshonesto? ¿Por qué comprometerte tan fácilmente?

¿Por qué comenzar una relación sabiendo que la estás construyendo sobre arena?

Si no te sientes suficientemente cómodo contigo mismo o con tu propia realidad cuando comienzas una relación, entonces no estás listo para esta relación. No hagas que la otra persona sufra por tu falta de integridad o por tu falta de habilidad para aceptar las verdades de tu propia vida. Sólo porque estás disponible para una relación no significa que estás listo para ella.

Sé abierto a desarrollar autenticidad en todas tus relaciones. Construir cualquier relación sobre una base sólida basada en la verdad, incrementa enormemente las posibilidades de que esta relación perdure... y puede que evites que te griten en un aeropuerto.☺

Son aquellos quienes pueden ver lo invisible que pueden hacer lo imposible.

ꕤ

El sustento de nuestras almas proviene de las sonrisas de los demás.

ꕤ

La habilidad de expresar apasionadamente opiniones opuestas es la mejor indicación de una democracia sana.

ꕤ

Ya no estoy paralizado por tu opinión, seguiré adelante con mi verdad.

ꕤ

Encontrar felicidad no debe verse como encontrar una aguja en un pajar. La felicidad está en nuestro interior. Cada día es una bendición que nos brinda abundancia de felicidad. Por lo tanto, encontrar la felicidad debe ser como encontrar un regalo entre un montón de regalos.

ꕤ

Mi vida es demasiado preciosa y mi misión demasiado importante como para permitir que el desorden disuelva caóticamente a cualquiera de ellas.

ꕤ

No permitas hacerte daño a ti mismo.

ꕤ

Perfectamente imperfecto

Todos hemos oído que no hay dos copos de nieve iguales. Cada copo de nieve toma la forma perfecta para obtener la máxima eficiencia y efectividad para su viaje. Y, mientras la fuerza universal de la gravedad les otorga un destino compartido, el espacio expansivo en el aire le da a cada copo de nieve la oportunidad de tomar su propio camino. Todos están en el mismo viaje, pero cada uno toma un camino diferente.

Durante este viaje gravitatorio, algunos copos de nieve chocan y se hacen daño mutuamente, algunos chocan y se unen, algunos se dejan llevar por el viento... hay muchas transiciones y cambios que toman lugar en este viaje del copo de nieve; pero sin importar el tipo de transición, el copo de nieve siempre adapta su forma de una manera perfecta para su viaje.

Encuentro similitudes en la naturaleza y veo que representan un reflejo hermoso de algo sumamente bien orquestado. Una de estas similitudes está entre los copos de nieve y nosotros. Nosotros también vamos todos en la misma dirección. Nos está impulsando una fuerza universal hacia el mismo destino final. Todos somos individuos tomando diferentes viajes y a lo largo de nuestro viaje a veces nos encontramos, nos cruzamos en el camino, y cambiamos... tomamos formas físicas diferentes. Sin embargo, todo el tiempo somos también 100%

perfectamente imperfectos. En todo momento somos absolutamente perfectos para lo que requiere nuestro viaje. No soy perfecto para tu viaje ni tú tampoco para el mío, pero si lo soy para el mío y tú para el tuyo. Vamos hacia el mismo lugar, tomando rutas diferentes, pero somos perfectos así como somos.

Piensa en el conocimiento que esta gran orquestación representaría para las relaciones humanas. Imagínate interactuando con los demás sabiendo que cada uno de ellos comparte contigo esta similitud con el copo de nieve. Al igual que tú, se dirigen al mismo lugar y, sin importar la apariencia que puedan tener ante ti, han tomado la forma perfecta para su viaje. Cuán sólidas serían nuestras relaciones si pudiéramos ver y respetar que todos somos perfectamente imperfectos para nuestro viaje.

La relación más poderosa que llegarás a tener es la relación contigo mismo.

ꕥ

Si deseas algo que nunca has tenido, tendrás que estar dispuesto a hacer lo que nunca has hecho.

ꕥ

Crea una meta, un destino final y un buen mapa. Si no sabes a dónde vas, cualquier camino te llevará a ese destino.

ꕥ

Sólo porque estás disponible para una relación no significa que estás listo para ella.

ꕥ

La intención unida a la acción construye el puente hacia el éxito. No se trata sólo de desearlo, debes hacerlo, vivirlo... ¡SERLO!

ꕥ

Cuando dices "yo" y "mi" demasiado, pierdes la capacidad de comprender el "nosotros" y el "nuestro."

ꕥ

Una de las cosas más espirituales que puedes hacer es abrazar tu propia humanidad.

ꕥ

ꕥ

Una de las cosas más espirituales que puedes hacer es reconocer el aspecto humano de tu vida. Una vez hayas reconocido el aspecto humano de tu vida, reconocerás el combustible espiritual que pone en marcha el motor humano.

ꕥ

Deseo estar en una relación en la que cuando digas que me amas estés simplemente otorgándome una validación ceremoniosa de lo que ya me has demostrado.

ꕥ

Existe un poder ilimitado que puede ser encontrado en la simplicidad. Mantén tu intención y acción simples y las puertas del éxito, la felicidad y la abundancia se abrirán por si solas para ti.

ꕥ

El arte de soltar y dejar ir se trata simplemente del empoderamiento personal. Es darse cuenta de lo que tienes a tu cargo, de lo que puedes controlar, y aún más importante, de lo que no puedes controlar.

ꕥ

La gratitud aumenta tu habilidad de ver la belleza. Es como ver la belleza en "alta definición."

ꕥ

Hipótesis del empoderamiento

Hoy me levantaré bajo la hipótesis de que he sido muy bendecido y seré capaz de respirar un aliento de cambio a mi vida, y durante el curso del día me divertiré demostrando continuamente que esta hipótesis es verdadera.

Buscaré las bendiciones del día de hoy. Ya no me cegaré ante las oportunidades que me rodean. Tomaré acción sobre el cambio que estoy visualizando para mí mismo.

En este día de hipótesis del empoderamiento, convertiré mi lista de "cosas por hacer" en una lista de "oportunidades disponibles" y mientras las voy marcando como logradas, las iré transfiriendo a otra lista llamada "bendiciones de este día."

Hoy seré generoso con mi amor. Esparciré palabras halagadoras e inspiradoras donde quiera que vaya. Haré esto sabiendo que mis palabras son como semillas que cuando caen en tierra fértil, una reflexión de estas semillas crecerá y se convertirá en algo mucho más grande.

Voy a silenciar la auto-conversación venenosa de mi mente. Cancelaré su membresía en el club de mi espíritu. La echaré del lugar que hasta ahora ha ocupado en mi vida. Ya no me levantaré con la teoría tóxica de decir "la misma basura, diferente día." La auto-conversación negativa no tiene lugar en mi hipótesis.

Sí, en este hermoso día empezaré con la hipótesis de grandeza y potencial ilimitado. Éste será un día asombroso, lleno de bendiciones y oportunidades para el cambio. ¡Me extenuaré en el gozo de validar esta gran hipótesis! Luego, haré lo mismo mañana.

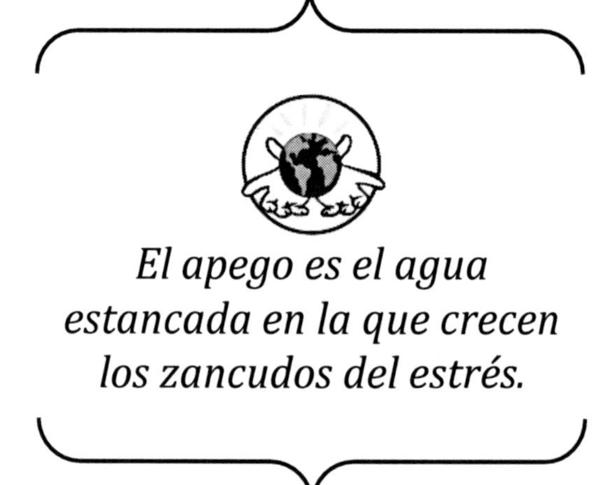

El apego es el agua estancada en la que crecen los zancudos del estrés.

ഇഗ

Siéntete feliz con lo que eres y con lo que haces, y podrás hacer todo lo que desees.

ഇഗ

Este universo mágico siempre nos espera fielmente cuando nos desviamos de nuestro propio camino. Muchas personas no se dan cuenta que nuestro ingenio se agudiza cuando nos hacemos más humildes. Es en la mente humilde en la que la belleza y la magia fluyen libremente.

ഇഗ

Todo lo que ofrece resistencia trae las semillas del crecimiento, la experiencia y la sabiduría.

ഇഗ

Es la falta de claridad lo que crea el caos y la frustración. Esas emociones son tóxicas para cualquier meta viviente.

ഇഗ

Sólo una observación: es imposible estar agradecido y deprimido al mismo tiempo. Aquellos con una mente agradecida tienden a ver la bendición en medio del desastre. Y aunque la vida los pueda hacer caer, los agradecidos encuentran razones, por pequeñas que sean, para levantarse.

ഇഗ

Los cuatro pilares del éxito

Intención: Determina específicamente lo que deseas.

Visión: Visualízala clara e intensivamente.

Acción: Escribe un plan y síguelo activamente.

Claridad: Mantente enfocado y conectado con tu plan.

Los Cuatro pilares del éxito es un sistema que he utilizando por más de una década para crear mi propio éxito y el éxito de mis clientes. Después de haberlo refinado y mejorado a través de los años, sé que es la manera más práctica y sólida de establecer, visualizar y alcanzar tus metas. Los cuatro pilares son la base del éxito.

Intención

Define tu intención. ¿Qué deseas? Las personas están muy acostumbradas a hablar sobre lo que no desean, pero esto no ayuda a avanzar al progreso. Debes establecer una meta o destino final claro y bien definido.

Cuando fijes tu intención, hazlo con calma. Es importante que tu intención sea específica.

Al igual que elegir un destino específico sobre un mapa, ser específico con tu intención te facilitará tu habilidad de trazar los caminos que vas a tomar y los medios para llegar a tu meta. Si no sabes cuál es tu destino específico, vas a perder tiempo y te sentirás frustrado. Si no sabes exactamente hacia dónde vas, ¿Cómo sabrás que has llegado?

Visión

La visión es muy importante porque es lo que establecerá tu intención. Es lo que traerá tu sueño al mundo de lo real. Si tienes una meta, debes verte como si ya la hubieras logrado. Tiene que ser algo en que puedas verte a ti mismo haciéndolo. Algunos de los atletas más famosos de todos los tiempos te dirán: "Para cuando me viste correr en la carrera, yo ya la había corrido en mi mente unas mil veces." Ya habían visualizado lo que intentaban hacer, y esto es lo que lo convierte en realidad.

Piensa en el tipo de casa en la que quieres vivir e imagínate ahí. Algunas personas pueden visualizarse cortando el césped o pintando las paredes, o abriendo la puerta trasera para ver a su cónyuge e hijos jugando en los columpios del patio. Ellos visualizan cada detalle porque no hay manera de convencerles que esto no va a ocurrir.

Cuando visualices tu meta, visualízate como si ya fuera cierto. Tómate el tiempo necesario para crear tu visión. Sé que en esta época es difícil ponerse en contacto con tus pensamientos debido a la televisión, el internet y todas las actividades de la vida que se interponen entre tú y tus pensamientos. Pero, tienes que tomarte el tiempo necesario para sentarte a pensar y crear tu visión. Mírala como algo real, vívela como si fuera real.

Acción

Este pilar tiene dos partes: escribirla en un papel y tomar acción. Ya en este momento conoces tu intención. Has creado tu visión. Tómate el tiempo necesario para crear el plano o mapa y, ¡Manos a la obra!

Lo que escribas en ese papel debe ser detallado, al igual que el plano arquitectónico de una casa, o incluso un mapa que te ayude a llegar a un lugar específico. Piénsalo. ¿Te imaginas a unos ingenieros tratando de construir una estructura sin planos? O si te invitan a una casa a la que nunca has ido, ¿te subirías al automóvil y con sólo tu intención llegarías allí? Por supuesto que no. Es totalmente ridículo. Averiguas dónde viven y lo *anotas en un papel*. Luego determinas cómo vas a llegar viendo dónde estás y trazas una trayectoria desde allí. Lograr tus metas es exactamente lo mismo.

¿Te subirías realmente en el vehículo de tu vida y lo conducirías sin contar con un mapa? Ya es hora de utilizar estos pilares y empezar a vivir con dirección y enfoque.

Claridad

Una vez que hayas trazado tu plan, el mayor reto será levantarte y realizarlo. La claridad es la clave para mantenerse enfocado y dedicado a tu viaje. La claridad es vital para poder nutrir tus metas en la vida. La falta de claridad es alimento para el fracaso. Muchas personas se rinden ante sus metas simplemente porque perdieron la claridad de su visión. Por eso es vital tener una intención específica y una visión clara. Es fácil consultar y mantener la claridad sobre un plan que haya sido escrito con una visión clara. De la misma manera en la que consultas a un mapa cuando estás viajando, tu propio mapa del éxito proveerá la información y la claridad que necesitas para llegar a tu meta exitosamente.

Utilizar Los cuatro pilares del éxito:

Durante años hubo un terreno abandonado en mi pueblo natal. Pasaba todos los días frente a este terreno, que al parecer, nadie utilizaba ni a nadie le importaba. Sin embargo, un día montaron un letrero muy llamativo con una fotografía de un hermoso centro comercial con gran lujo de detalles. En esta imagen, no sólo se podía ver el centro comercial, las vitrinas y los nombres de las tiendas, pero también podías ver las luces, el estacionamiento con todas sus líneas y espacios y hasta las aves que volaban con gracia por encima de esta fabulosa idea. Sobre lo que parecía ser un terreno descuidado, ahora se encontraba esta impresionante imagen, y debajo de la imagen, una frase que decía: "Próximamente aquí."

Continué pasando frente a ese terreno y fui viendo cada día los avances de la construcción. Primero se excavó un enorme agujero para la cimentación y pronto empezó a surgir una estructura metálica. Todos los días había docenas de trabajadores llevando y trayendo acero, maquinaria pesada y montones de materiales de construcción dedicados a darle vida a esa imagen. Y por supuesto, cada día el resultado era más parecido a la imagen que estaba instalada justo enfrente.

Luego, al pasar un día frente al terreno me di cuenta que los materiales y los trabajadores ya se habían ido, pero todavía quedaba la imagen del concepto del centro comercial como se había visualizado y detrás, en lo que se había convertido. El hermoso centro comercial que tan sólo había visto en una foto, estaba frente a mí y era más hermoso que la misma imagen. Era inmenso y tenía los mismos detalles de la imagen que lo promovía.

Mientras observaba y apreciaba este logro, pensé: "Estos son los cuatro pilares del éxito en acción."

Dividámoslo en sus partes correspondientes:

Intención. El dueño del terreno tuvo una intención específica. No fue: "Quiero ganar más dinero," sino, algo más específico: "Quiero construir un centro comercial en este terreno." Así que contrató a un arquitecto y a un ingeniero, y juntos desarrollaron una visión.

Visión. Su visión estaba tan clara que podían compartirla con todo el mundo a través del letrero que habían creado. Luego, ¿Qué hicieron? Ellos tomaron acción.

Acción. Se crearon planos de construcción para cada etapa, de cuándo y de qué manera todo iba a suceder. Conocían cada etapa, las dimensiones, los materiales necesarios y el progreso gracias a los planos. Mientras los trabajadores seguían lo indicado en los planos, lo hacían con completa claridad.

Claridad. Si les llegaba un embarque con retraso, o si llovía o nevaba más de lo normal, o si una máquina fallaba, continuaban en su propósito original y mientras lo hacían, lograban que la imagen que habían instalado en el terreno vacante se convirtiera en una espectacular realidad. Pudieron mantenerse enfocados y claros porque podían referirse a los planos de manera detallada.

¡Estos son los Cuatro pilares del éxito en acción! Sigue este sistema y no podrás fallar. Esto no es magia; es la cimentación del éxito bien sustentada y demostrada por el tiempo. Deja de aplaudir a los que ya están viviendo sus visiones. Comprométete con tu propio éxito y sigue los pasos necesarios para lograrlo. Hoy es un nuevo día. Es tu día. Conviértelo en el día en que construyes sobre estos cuatro pilares.

¡No permitas que tu historia se interponga en tu destino!

Filosofía en acción

¿Cómo sería tu vida diferente si...

Te alejaras de los chismes y difamaciones verbales?

Deja que hoy sea el día...

En que hables solo cosas buenas de los demás y los motives a que hagan lo mismo.

ꕥ

A los expertos en el estudio, teólogos e incluso a los poetas, todavía les falta ser capaces de describir y tocar realmente la belleza, el romance y la magia de una relación construida un 100% en la autenticidad.

ꕥ

Cuídate de la persona que es tan empoderada que hace preguntas que sólo pueden ser respondidas con acciones.

ꕥ

Si no puedes ver de qué debes estar agradecido, no puedes ver cómo puedes ser grandioso.

ꕥ

Cuando se aparean la intención y la acción, la cría es el éxito.

ꕥ

Si ves algo diferente para ti en tu futuro, debes hacer algo diferente para ti mismo en tu presente.

ꕥ

La intención y la acción son el combustible y el vehículo en el viaje de la creación.

ꕥ

Ser libre...

El viaje espera

El hermoso viaje del día de hoy sólo puede empezar cuando aprendamos a dejar ir el ayer.

¿Alguna vez has estado en un crucero o has mirado uno de sus panfletos? He tenido la fortuna de experimentar la maravillosa travesía que ofrecen los cruceros. Los barcos están tan hermosamente fabricados, esculpidos para el movimiento, comodidad, eficiencia y para aprovechar al máximo la experiencia total del viaje.

Empiezas tu viaje tan pronto el barco suelta las amarras en el muelle y empieza a navegar hacia su destino. Hay muchas cosas que hacer durante la trayectoria. Hay muchas oportunidades en las que puedes experimentar y participar. Un paseo romántico por la cubierta mientras ambos miran el mar que parece interminable, o quizás deseas darte un chapuzón en la piscina, o disfrutar de la deliciosa comida que está a tu disposición, o quizás te unes al baile y la fiesta a tu alrededor, o quizás por la noche te dan ganas de sentarte en el balcón mirando la luna esplendida y el cielo claro y estrellado.

Hay tanto que disfrutar y experimentar desde el momento en que empieza el viaje, que antes de darte cuenta ya el barco ha llegado a otro puerto de destino designado en la ruta. Quizás es una playa virgen de arena blanca y agua tan hermosa que te quita el aliento. Quizás es un paraíso tropical con altos árboles y verdes arbustos que alberga animales exóticos y preciosos. Quizás es un lugar místico con una historia espiritual y de una maravillosa ingeniería que no podrías comprender o apreciar hasta que la hayas visto con tus propios ojos.

Ocurren tantas cosas cuando empieza este viaje. Desde el momento en que el barco deja el puerto hasta el momento en que regresa a su puerto de origen, las bendiciones, oportunidades, alimento, amor, risas, entretenimiento y experiencias son abundantes y sin medidas. Al final del viaje con seguridad te sentirás felizmente exhausto de disfrutar todo lo que el viaje te haya podido ofrecer. Te puedes ir a casa contento de que has vivido y experimentado el viaje al máximo.

Te cuento todo esto porque es importante resaltar lo siguiente: hay sólo una cosa que puede lograr o no el éxito del viaje; una cosa que puede o no lograr que TU viaje tenga éxito.

Quiero que todos ustedes comprendan que NADA de esto pudo haber ocurrido, es decir, ninguna de estas experiencias mágicas pudo haber ocurrido si el barco no se hubiese SOLTADO del puerto.

¿Cuántos de ustedes están todavía aferrados al puerto? Es decir, aferrados al puerto del ayer, al divorcio, a la bancarrota, al despido, a la traición, a la separación, inseguridad, abuso, miedo, etc...

¡SUÉLTALO! ¿Qué esperas? El viaje, toda la magia, todo el romance, toda la belleza, todo el amor, todas las bendiciones, y todas las experiencias visuales y sonoras de este increíble viaje por la vida están disponibles para ti AHORA. Libérate del puerto. No te tiene amarrado, sino que eres tú el que está aferrado a él. ¡Déjalo ir ahora! ¡Hoy es un nuevo día! Es tu día. ¡Disfruta el viaje!

Vive de acuerdo a esto... El éxito no es algo que posees, sino algo que haces.

❦

No permitas que tu vida cotidiana sea opacada por el ajetreo de la nada.

❦

Tu miedo a la verdad no la esconde ni la debilita.

❦

Mientras más estudio, más aprendo y asimilo, y más me doy cuenta de lo poco que realmente sé.

❦

Eres un reflejo de la naturaleza. Deberías siempre seguirte actualizando, refinando y mejorando.

❦

Tu vida es una impresión física de tus pensamientos.

❦

Una relación exitosa crea un puente sobre la brecha entre hombres y mujeres, y ese puente esta construido con respeto.

❦

Vivimos en un universo que siempre está feliz de darte lo que sea que tu intención le solicita.

❦

Cultiva el amor y la compasión

En este mundo tan agitado nunca debemos dejar de tener presente el amor y la compasión. Ambos son la tierra fértil en el jardín de la paz. Debemos darles la bienvenida en nuestros corazones y dar su ejemplo en nuestros hogares. El amor y la compasión deben ser cultivados y nutridos como si fueran lo más preciado de nuestras posesiones.

Permíteles estar en todo lo que haces. Déjalos fluir como una melodía infinita. Acoge el amor y la compasión con todo tu espíritu. Comprende que nunca harán daño ni ofenderán, sino que sanarán y empoderarán.

Es sólo a través del amor y la compasión verdadera que podemos empezar a enmendar lo que está roto en nuestro mundo. Son sólo estas dos cosas benditas lo que puede empezar a sanar los corazones rotos.

El amor y la compasión son el padre y la madre de una sonrisa. Es necesario que generemos más sonrisas en nuestro mundo hoy. Las sonrisas, después de todo, son las que pavimentan el camino hacia un mundo feliz.

Una sonrisa puede influenciar la vida de una persona en maneras que nunca te podrías imaginar. Es contagiosa y puede causar una reacción en cadena. Puede ser memorable para una persona que te pasa por el lado en la calle o en el centro comercial o aún cuando vas manejando. Sólo se toma una fracción de segundo sonreírle a una persona y olvidarlo, pero para alguien que lo necesitaba, puede durarle toda una vida. Deberíamos sonreír más a menudo.

Así que entrégale al mundo estos regalos de amor y compasión sin restricciones. No te preocupes por lo que vayas a recibir a cambio, sólo mantén en tu corazón la certeza de que serás retribuido.

Necesitamos cultivar el verdadero amor y la compasión.

Recuerda:

Si el amor está a la defensiva, no es amor.

Si el amor está a la ofensiva, no es amor.

El amor es puro, amable y compasivo.

Empecemos hoy.

Es tu creencia de que estás restringido lo que realmente te restringe.

Filosofía en acción

¿Cómo sería tu vida diferente si...

Dejaras de permitir que otras personas te debiliten o envenenen tu día con sus palabras u opiniones?

Deja que hoy sea el día...

En que te mantienes firme en la verdad de tu belleza y viajas a través de tu día sin apegarte a la validación de los demás.

ℌ

Las acciones que tomas hoy pueden impulsarte hacia una mejor posición mañana.

ℌ

En cuanto a tu ignorancia, no le tengas miedo. Reconócela con humildad y atiéndela.

ℌ

Demasiada acción con muy poca intención crea un desgaste de energía y confusión entre el movimiento y el progreso.

ℌ

Cuando hayas cambiado tu forma de pensar, todo lo demás en el exterior también cambiará.

ℌ

No dejes que las fuerzas del mal te desanimen. Nada que Dios no haya permitido puede ocurrir. Hasta la resistencia que sientes es totalmente parte de esta gran orquestación. El demonio siempre te tiene donde Dios quiere que estés.

ℌ

¡Habla siempre con la verdad! Una voz comprometida con la verdad lleva las semillas que podrían cambiar una generación y también el mundo.

ℌ

Control de seguridad

Me siento tan bendecido por tener una carrera en la que puedo viajar por todo el mundo conociendo personas increíbles y lugares hermosos. También con los viajes me tengo que enfrentar a la realidad de las filas de seguridad de los aeropuertos. A veces pasas rápidamente y aunque es un inconveniente, las revisiones de seguridad de los aeropuertos se han convertido en una parte necesaria y aceptada de nuestro proceso de viaje. Todos aceptamos la revisión de seguridad y su inconveniencia porque es un sistema que existe para protegernos. Está diseñado para protegernos de los terroristas y las malas personas que pueden hacernos daño o paralizar nuestras vidas.

Pero, ahora que todos hemos aceptado la necesidad de tener estos controles de seguridad para protegernos de los terroristas que nos quieren hacer daño, ¿Qué sistema de seguridad tienes tú para protegerte de los verdaderos pensamientos aterrorizantes y los miedos que te obstaculizan y paralizan tu vida?

¡Protégete! ¿De qué sirve permitir que estos pensamientos terroristas crucen tu mente en total libertad sin pasar por un control de seguridad? ¿Por qué dejarías que continúen impidiéndote vivir tus sueños? ¿Por qué dejar que estos miedos aterrorizantes te mantengan estancado en una mala relación, o trabajo o cualquier otra condición negativa?

Si he aprendido algo sobre el miedo es que no tiene una sustancia real. Es una proyección mental de algo que no ha ocurrido. Lo que llamamos miedo es realmente un dolor que surge de la expectativa de que algo malo va a suceder.

¿Qué tal si, en vez de huir de él como siempre, eliges una opción con poder para enfrentarlo? Le quitarías las expectativas exageradas y te quedarías con los verdaderos componentes de la situación. Haz que el miedo aterrorizante pase por un control de seguridad en tu mente. Enfréntalo y exígele cuentas. Pregúntate: "¿Qué es realmente cierto en esta situación?" Observa el miedo y el pensamiento aterrorizante desde todos los ángulos y examínalo para que puedas comprender su verdadera raíz. Esto lo desarmará y te ayudará a utilizar el miedo como una herramienta empoderadora en vez de una prisión petrificante.

¡Canta la canción en tu corazón y no permitas que nadie te haga callar!

ꕥ

Cuando el "para siempre" se convierte en un lugar... cuando el "para siempre" deja de ser sólo una palabra... cuando deja de ser sólo una medida de tiempo... y se convierte más bien en un lugar donde las almas gemelas pueden bailar la canción en sus corazones, es cuando se refleja el amor verdadero.

ꕥ

Algunas de las lecciones más valiosas que se aprenden en la vida son las que se comunican sin haber dicho una sola palabra.

ꕥ

Si he aprendido algo en la vida, es que Dios tiene la costumbre de pedirte que hagas exactamente lo que crees que *no* puedes hacer.

ꕥ

Cuando realmente aceptes tu impermanencia humana, te conectas con el poder y la influencia que posees durante el tiempo que posees.

ꕥ

Tu verdad es que eres una creación de Dios. Tu verdad no puede cambiar; es permanente. Cuando puedes ver claramente tu verdad permanente, te será posible lidiar con cualquier condición temporal de una manera efectiva.

ꕥ

ꕤ

No has pasado por todo lo que has tenido que pasar para al final terminar en el mismo lugar donde empezaste.

ꕤ

No puedes verdaderamente disfrutar ESTOS momentos hasta que hayas dejado ir los momentos pasados.

ꕤ

El enemigo más grande del miedo es la verdad.

ꕤ

Cuando dejas de solamente existir y comienzas a realmente vivir, cada momento del día se llena de vida con sincronicidad y fascinación.

ꕤ

No sólo trates de mantenerte ocupado. ¡Trata de mantenerte realizado!

ꕤ

El día de mañana está esperando revelarse ante ti dependiendo de las acciones de un solo día... ¡EL DÍA DE HOY!

ꕤ

El mejor antidepresivo es la gratitud.

ꕤ

Filosofía en acción

¿Cómo sería tu vida diferente si...

No permitieras ser definido por tu pasado?

Deja que hoy sea el día...

En que dejas de permitir que tu historia interfiera con tu destino y que despiertes a la oportunidad de liberar tu ser superior.

Amor poético

Amor mío, aunque los momentos felices de nuestros días sean a veces oscurecidos por momentos difíciles, nuestro amor es la luz bendita que nos guía hacia un lazo espiritual que jamás podrá ser roto.

Nuestros corazones bailan la danza sagrada sobre la que muchos han escrito. Abrazados por la pureza del amor, juntos caminamos por la playa de las posibilidades infinitas.

Un espíritu hecho completo, estoy eternamente agradecido por la bendición de tu amor. Ruego poder tener la sabiduría lo suficientemente profunda como para mostrarte realmente lo mucho que te amo.

En verdad un amor poético, es una tragedia que tenga sólo una vida para dedicarte.

Cuando tu intención y tus acciones estén alineadas, estarás hablando directamente con Dios.

ꕥ

El universo está tan bien equilibrado que el solo hecho de que tengas un problema también sirve como señal de que existe una solución.

ꕥ

El perdón es un reflejo de que te amas lo suficiente como para seguir con tu vida.

ꕥ

Podrías pensar que eres una buena persona en un grupo equivocado, pero para un observador externo, esta diferencia no es detectable.

ꕥ

No hay nada mejor que un corazón roto para nutrir el sentido de tu propio ser.

ꕥ

Nada inspira la honestidad tanto como el miedo o los problemas.

ꕥ

¡No permitas que pase otro día en el que tu dedicación a las opiniones de los demás sea mayor que tu dedicación a tus propias emociones!

ꕥ

Un tiempo de tomar acción

Estamos en un punto clave de nuestra gran historia. Ha llegado el momento de dejar de culpar a los demás y empezar a cambiar nuestras vidas. La indiferencia ha plagado nuestra sociedad y la culpa se ha propagado como el cáncer más mortífero. Es hora de interesarnos; es hora de asumir la responsabilidad; es hora de tomar el liderazgo, es hora de hacer cambios; es hora de ser fieles a nuestro propio ser superior; es hora de dejar de culpar a los demás.

¡Hoy es un nuevo día!

¡Hoy es el día en el que tomamos las riendas y LIDERAMOS a través del EJEMPLO!

¿Cómo podemos condenar la violencia si somos violentos? Piénsalo bien, en la raíz de casi todos los miedos que tenemos, se encuentra la violencia. ¡Simplemente, no es aceptable! Nunca se trata de un problema de los demás. ¡Deja de acusar y comienza a actuar! Si no te gusta ver la violencia, no permitas que nadie la vea en ti.

¿Por qué nos permitimos ser tanto víctimas como causantes del odio? Nunca debemos albergar odio en nuestros corazones. Aprendamos de nuestros hijos, quienes no han aprendido todavía a odiar. Desaloja rápidamente el odio del preciado hogar de tu corazón. Si no te gusta sentir odio, no lo albergues en tu interior.

Hemos nacido libres; para pensar, para crecer y para amar. ¿Por qué permitiríamos que nos quiten este regalo de Dios? ¿Por qué elegiríamos quitárselo a alguien más? Ser controlado es ser esclavo. Si no te gusta ser controlado, nunca te encuentres controlando a alguien.

¿Qué bueno alguna vez ha traído la impaciencia? Sólo ha servido como la madre de los errores y el padre de la irritación. Tenemos que aprender y abrazar la paciencia. La paciencia es la llave sagrada que abrirá la puerta hacia una vida de mayor plenitud. Detrás de la puerta bendita de la paciencia se encuentran mejores padres, poderosos maestros, grandes hombres de negocios, sabios y un mundo de mayor compasión. Piensa en la paciencia que Dios ha tenido contigo y déjala resonar en otros. Si deseas un mundo más paciente, permite que la paciencia sea tu lema.

¿Te gustaría que alguien le faltara el respeto a tu madre, padre, hijo o hija? Por supuesto que no, ¿Entonces por qué hacérselo a los de los demás? Por algún motivo, hemos comenzado a pensar que somos merecedores de más respeto que los demás. A veces confundimos nuestra clase social con algo que realmente existe; nuestra humanidad. Debemos trascender la ilusión de que el dinero o el poder podrían tener alguna influencia sobre nuestro valor como hijos de Dios. Somos todos iguales a los ojos de la verdad y el amor. Es muy simple, si deseas el respeto de los demás, debes brindarles respeto.

Una vida de felicidad, paz y amor está a tu alcance. Sé que tienes muchas preguntas, pero las respuestas son simples. Esta es la manera en la que Dios estructuró el universo. Todos tenemos la llave para un mejor hoy. Tan sólo debemos sanarnos de la enfermedad de la acusación y la indiferencia y dar un salto a los brazos saludables de la INTENCIÓN y la ACCIÓN.

SÉ el cambio que deseas ver. ¡Puedes hacerlo!

¡Hoy es un nuevo día!

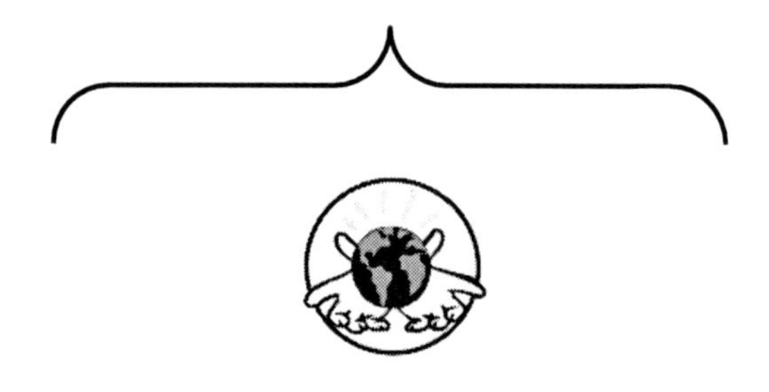

El empoderamiento es la habilidad de refinar, mejorar y enriquecer tu vida sin codependencia.

ഊ

¡Sólo tenemos el ahora! Todo lo demás es imaginación o recuerdo.

ഊ

Tener falta de claridad es alimento para el fracaso.

ഊ

A veces el silencio puede ser la respuesta más poderosa y compasiva.

ഊ

La felicidad y el éxito vienen de vivir en el presente y no de existir en el pasado.

ഊ

Los mejores sermones son los que se dan con la boca cerrada y el corazón abierto.

ഊ

El miedo surge de no comprender lo verdaderamente poderoso que eres.

ഊ

Decide lo que quieres, crea un mapa, ¡y déjate de tonterías y ve hacia allá!

ഊ

Si deseas algo diferente, HAZ algo diferente. Sin cambios, el progreso es imposible.

Tu historia, tu destino

Muchos de nosotros nos quedamos atrapados en el pasado: asuntos que ya pasaron, relaciones pasadas, errores pasados, etcétera... Tendemos a entregarle nuestros pensamientos y energía de hoy a los días y eventos que ya no existen. Una realidad desafortunada de este tipo de pensamiento es que tendemos a perder la visión de nuestro verdadero poder y propósito. Y perdemos la visión de la verdad que somos libres para cambiar, para refinar, mejorar, o enriquecer nuestras vidas en cualquier momento.

El valor de un momento es inconmensurable. El poder de sólo UN momento puede impulsarte hacia el éxito y la felicidad o encadenarte al fracaso y a la miseria.

¿Qué tal si pudieras liberarte de los grilletes de la auto-culpa, la crítica y de pensamientos limitantes y desempoderados ?

Todos cometemos errores, tenemos que luchar por algo e incluso nos arrepentimos de algunas cosas de nuestro pasado. Pero, no eres tus errores, no eres tus luchas, estás aquí AHORA con el poder de forjar tu día y tu futuro.

Hoy, muchos despertarán con un sentido fresco de inspiración y dejarán atrás el fantasma del ayer, ¿Por qué tú no?

El día de hoy te saluda sin reglas ni condiciones. El único requisito para ver todo lo que te puede ofrecer es vivirlo a plenitud. Cada día te trae bendiciones inconmensurables y oportunidades para la felicidad y éxito. Como un regalo hermosamente envuelto al pie de tu cama cada mañana, el día de hoy te pide que lo abras y disfrutes lo que te trae adentro. ¡Exhaustate con todo lo que tiene que ofrecer! Ríete, llora, di "te amo," di "lo siento," VIVE realmente el día... ¿Cuándo fue la última vez que lo hiciste? sácale todo el jugo a lo que te puede ofrecer el día de hoy, y luego, al final del día, vete a dormir sabiendo que mañana en la mañana te esperará otro regalo similar.

Es cuando seguimos analizando la caja del ayer o del año pasado, o de hace diez años, que nos sentimos deprimidos, atrapados y vencidos. Pero la buena noticia es que si tan sólo abres tus ojos y miras a tu alrededor, verás que la caja del día de hoy, es decir, el regalo del día de hoy, te espera. Deja ir el ayer, olvídalo. Él ya se ha olvidado de ti. Abraza el único día en el que tienes poder. ¡El día de hoy!

Haz un pacto hoy contigo mismo de que el pasado no sea lo que te defina. Al contrario, ¡Reestructura las cosas hoy! Vive el día de hoy. No solamente existas durante todo el día, sino ¡VÍVELO! Prepara un plan para tu éxito y asegúrate que tus acciones reflejen ese plan.

Tu sueño es una realidad que está esperando que la materialices.

¡Hoy es un nuevo día! ¡No permitas que tu historia interfiera con tu destino! Aprende de tu pasado para que pueda empoderar tu presente y te impulse hacia la grandeza.

El miedo es la respuesta imaginaria a algo que no ha ocurrido.

ꕥ

Cuando vives en alineación, dejas de decirle a Dios lo grandes que son tus problemas y empiezas a decirle a tus problemas lo grande que es Dios.

ꕥ

Sólo cuando tu intención y tus acciones están alineadas es que puedes crear la realidad que deseas.

ꕥ

Cuando albergas resentimiento deseas que la tristeza de la otra persona refleje tu nivel de dolor, pero estos dos casi nunca coinciden.

ꕥ

Este es un universo matemático. Estamos rodeados de ecuaciones y sumas. Tu vida: el estado actual de tu vida y la vida misma es una suma directa de la ecuación que tú mismo has creado. Tu vida es un reflejo de muchas decisiones que has tomado en los innumerables puntos de elección en los cuales te has encontrado. Los grandes logros son la suma de una gran ecuación deliberada.

ꕥ

El día que empieces a decirte a ti mismo que lo puedes lograr, es el día que sabrás que lo harás.

ꕥ

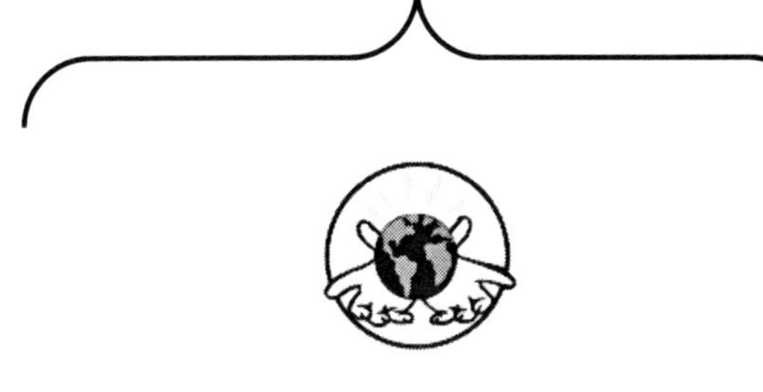

¡Nunca confundas la inhabilidad de alguien de hacer algo con la imposibilidad de poderlo hacer!

5 Factores: ¡Toma control de tu vida!

1) Comprende que las experiencias no vienen con etiqueta. El que pone las etiquetas eres tú.

¡El poder de elegir es tuyo! Como dijo William Shakespeare, “nada es bueno o malo pero el pensamiento lo convierte en uno de los dos.” Tú y solo tú eres el que le pone etiquetas a tus experiencias. ¿Te quejas de que las rosas tengan espinas o celebras que las espinas tengan rosas? Tienes la habilidad de elegir tus reacciones. Muy a menudo, la decisión de poner etiquetas no se hace conscientemente y tu diálogo interno automáticamente le pondrá una etiqueta negativa. Debes estar consciente de esto y cambiarlo inmediatamente. Darte cuenta de que tu habilidad para poner etiquetas es un poder impresionante y es un gran paso hacia el éxito. Cuando tomas el control, puedes seleccionar y poner etiquetas empoderadoras en vez de negativas. Tú estás en control de la experiencia.

2) Evita culparte a ti mismo por cometer errores.

El camino hacia el éxito está siempre en construcción. Nos levantamos cada mañana a un día que nunca hemos visto o experimentado. Se cometerán errores y aparecerán obstáculos. No tienes control sobre estos eventos pero puedes controlar la forma en que reacciones ante ellos. Es importante que nos perdonemos a nosotros mismos por cometer errores.

Debemos aprender de nuestros errores y seguir adelante. Aprendemos cuando sentimos dolor. El poder de elegir cuánto aprendemos está en nosotros. ¿Ves un obstáculo en el camino o un escalón? Tú decides.

3) Comprende que las energías iguales se atraen.

Lo que es igual se atrae. Los pensamientos positivos producen resultados positivos. Si te rodeas de emociones, energías, pensamientos y personas positivas, los eventos que resulten serán positivos. Desafortunadamente, ocurre lo mismo si te rodeas de energías negativas. ¿Conoces a alguien que está siempre melancólico y negativo? Fíjate que a estas personas siempre parece perseguirles la mala suerte. Podrían hasta decirte que andan con una nube oscura sobre ellos. Pues, tienen razón. Tan pronto se den cuenta de que son ellos mismos los que crean esa nube oscura, podrán elegir hacerla desaparecer. Recogerás los frutos de lo que siembras. Si siembras semillas de rosas, recogerás rosas, ¿Correcto? Plantas semillas de felicidad, esperanza, éxito y amor; todo esto te regresará en abundancia. Es la ley de la naturaleza.

4) Determina lo que quieres y toma acción

Imagínate un arquero sin un blanco al cual dispararle su flecha. Estaría disparando flechas sin rumbo y no tendría éxito. Crea una meta, escríbela y toma acción para lograrla. Ahora que tienes una meta clara, puedes preparar tu plan de acción. Es más fácil apuntar hacia un objetivo que se ve claramente.

Nadie ha logrado su éxito sentado. Es necesario trabajar duro, tener motivación, una actitud positiva y una fuerte creencia de que lo puedes lograr. Esa combinación produce lo que normalmente llamamos suerte. No te sientes a esperar que la vida sea algo que te ocurra. Prepara un plan y toma los pasos necesarios para crear lo que deseas.

5) Elige ser feliz.

Se ha dicho que “actúes como si ya lo hubieras conseguido y ocurrirá.” Pruébalo. Realmente funciona. Levanta tu cabeza, sonríe y piensa en cosas positivas. Recuerda los momentos felices que has tenido y piensa en todo lo que tienes que estar agradecido y te sentirás más liviano, más feliz y más empoderado. Si frunces el ceño, gimes, gruñes y te enfocas en todo lo que está mal en este mundo, te sentirás deprimido, letárgico y negativo. ¿Por qué molestarte con eso? Identifica las cosas y las personas que te hacen sentir infeliz y elimínalas de tu vida. Nada bueno puede venir de ellas. Elige ser feliz y positivo. Toma los pasos necesarios para asegurarte una vida más alegre y positiva. Haz cosas alegres, escoge películas positivas, lee buenos libros, rodéate de personas positivas y practica afirmaciones. Identifica las cosas y las personas que te hacen sentir feliz y rodéate de ellas. Cultiva una mejor relación contigo mismo y tendrás éxito. Tomar control de tu vida lleva tiempo y requiere decisiones. Las recompensas hacen que los esfuerzos valgan la pena.

ཀྵ

Desafortunadamente, las personas a menudo se identifican ellas mismas por las circunstancias en vez de conectarse con su verdad innata.

ཀྵ

El miedo que sientes es un reflejo directo de la percepción que tienes de ti mismo.

ཀྵ

Al tomarte el tiempo para contemplar y ver dónde estás y dónde deseas estar, te empoderas grandemente. Es una maravillosa oportunidad para finalmente poner en acción los cambios que quieres en tu vida.

ཀྵ

El universo no te entrega nada de lo que pides con tus pensamientos, te entrega lo que le exiges con tus acciones.

ཀྵ

Lo que hago para vivir es hablar. Lo que hago por la vida es tomar acción.

ཀྵ

Estoy participando en la evolución de la acción inspirada.

ཀྵ

Hora de renovarse

¡Bienvenido al día de hoy! Es hora de renovarse, de volver a comenzar y de soltar el pasado.

Si estás listo para hacer un cambio duradero, debes darte cuenta de que para que sea duradero debe ser un cambio completo. No puedes sólo renovarte en la mente y con palabras. Tus acciones también deben reflejar tu nuevo yo.

Para obtener un cambio verdadero y duradero, no puedes solo decir: "Este es mi nuevo yo. Ya dejé de ser el viejo yo. Ya no quiero que los demás me vean como el viejo yo. Ahora voy a ser el nuevo yo," y luego continuar con tus actividades cotidianas como lo hiciste ayer.

Esto no funcionará.

Si realmente deseas renovarte, debes permitir renovarte en todos los aspectos. Es la única forma de crear un cambio duradero. Piensa siempre en lo siguiente: Si la visión que tienes de ti mismo en el futuro es muy diferente a tu vida actual, las acciones que debes tomar también deben ser muy diferentes. No puedes hacer siempre lo mismo y esperar resultados diferentes.

Renuévalo todo.

Como muchos de ustedes, paso mucho tiempo frente a mi computadora. ¿Te has fijado lo que sucede cuando tu computadora tiene que actualizarse en algo y te pide una descarga? ¿O cuando abres un programa y te dice que necesita hacer una actualización antes de continuar? Si te das cuenta, cuando ha terminado su actualización, te dice "debe reiniciar su computadora" para que todo funcione correcta y efectivamente. Cuando reinicias tu computadora, ha sido renovada y estará funcionando de manera en que refleja las nuevas actualizaciones y se habrá deshecho de la manera antigua de hacer las cosas.

Es cierto que no somos computadoras, pero hay algo que podemos aprender de ello. Cuando estás sentado en casa y te das cuenta de que no deseas seguir haciendo las cosas igual que siempre y estás consciente de que necesitas una actualización en tu vida, debes renovarte – reiniciar.

¿No sientes a veces que necesitas renovarte?

Quizás ya no deseas lidiar con esta o aquella otra persona, o ya no deseas seguir sintiéndote miserable en casa, o ya no deseas más ser un fumador, o ya no deseas beber tanto alcohol o ya estás cansado de vivir de cheque en cheque. Para lo que sea que desees dejar o que quieras actualizar en tu vida, también debes "reiniciarte" para que esto te pueda funcionar efectivamente. Es el hermoso arte de renovarte a ti mismo.

Debes entender que renovarse también significa soltar el pasado.

¿Estás listo para un nuevo tú? Antes de tu renacer, debes hacer un funeral de tu pasado. ¡Déjalo ir! Hablo mucho de soltar el pasado y dejarlo ir porque es muy importante. Liberarnos del apego del ayer es la mejor forma de renovarnos y abrazar el poder y las bendiciones del día de hoy.

No es posible luchar las batallas del día de hoy con los pensamientos del ayer.

Mohamed Ali dijo en una ocasión, "si piensas igual a los 50 que cuando tenías 30, acabas de desperdiciar 20 años de tu vida," y esto es muy cierto.

Tienes que soltar el pasado.

Crecí yendo a la Iglesia Católica, y ahí te enseñan el Padre Nuestro. En esta oración Jesús nos enseña "danos hoy nuestro pan de cada día;" ESTE DÍA, hoy, "danos HOY nuestro pan de cada día." En otras palabras, no es posible luchar las batallas del día de hoy con el pan de ayer.

Renueva, suelta el pasado, déjalo ir. El ayer ya se fue. No puedes hacer nada para traerlo de vuelta. No puedes decir, "Debí haber hecho algo." Solamente puedes HACER algo.

Renuévate. Deslígate de esa atadura.

¡Hoy es un nuevo día!

ഇ൬

A veces puedo darme cuenta de la grandeza de mi misión con Dios por la resistencia que encuentro con el demonio.

ഇ൬

Una de las cosas más espirituales que te puede ocurrir es un logro humano.

ഇ൬

No confundas las malas decisiones con el destino. Asume tus errores. Está bien; todos los cometemos. ¡Aprende de ellos para que te puedan empoderar!

ഇ൬

Cuando te levantas por la mañana, piensa sobre el gran privilegio que es estar vivo: respirar, pensar, disfrutar, amar, ¡Luego convierte ese día en algo importante!

ഇ൬

Si te respetas a ti mismo en situaciones estresantes, te ayudará a ver lo positivo. Te ayudará a ver el mensaje dentro del desastre.

ഇ൬

No se trata de trascender mi propia humanidad, sino de sumergirme completamente en ella.

ഇ൬

Filosofía en acción

¿Cómo sería tu vida diferente si...

Empezaras todas tus relaciones con autenticidad y honestidad?

Deja que hoy sea el día...

En el que te dedicas a crear relaciones bajo la base sólida de la verdad y la autenticidad.

¡Tú ser superior te ha estado esperando toda tu vida; no lo hagas esperar más!

¡Bájate de esa balanza!

Tú eres hermosa. Tu hermosura, así como tu capacidad para vivir la vida, ser feliz y tener éxito, no tiene medida. Día tras día, incontables personas alrededor del mundo se suben sobre una balanza en la búsqueda de una validación de su belleza y aceptación social.

¡Bájate de esa balanza! Todavía no he visto una balanza que te pueda decir qué tan encantadores son tus ojos. Todavía no he visto una balanza que pueda mostrarte lo hermoso que se ve tu pelo cuando refleja los gloriosos rayos del sol. Todavía no he visto una balanza que pueda agradecer tu compasión, tu sentido del humor y tu sonrisa contagiosa. Bájate de esa balanza porque todavía no he visto una que pueda admirar tu perseverancia ante los retos de la vida.

Es cierto, la balanza sólo puede darte una reflexión numérica de tu relación con la fuerza de gravedad. Eso es todo. No puede medir belleza, talento, propósito, energía vital, posibilidades, fortaleza o amor. No le des a la balanza más poder de lo que se merece. Toma nota de ese número, y luego bájate de esa balanza y vive tu vida. ¡Tú eres hermosa!

ꕥ

¡Nunca cuestiones el poder de uno! A través de la historia siempre han sido las acciones de solo una persona las que han inspirado el movimiento del cambio.

ꕥ

Todavía puedes hacer que hoy sea el día en que produzcas un cambio en ti mismo. ¡Nunca es demasiado tarde!

ꕥ

Sólo los que hemos sido heridos nos convertimos en expertos en la recuperación.

ꕥ

Interrumpe tus propias palabras con tus propias acciones.

ꕥ

Fomenta tu ambición por tu superación personal.

ꕥ

Nada es tan detestado como un cambio positivo entre los amigos.

ꕥ

Una vida de libertad

Lo que más deseo es que todos seamos libres. Deseo que todos vivamos una vida de libertad incondicional. Piénsalo, ¿Qué más podría satisfacer tu alma que andar libre y SER libre?

Una vida de libertad es aquella que no acepta "SI," "PERO," "TRATA," "QUIZÁS," etc., sino una vida llena de INTENCIÓN pura y ACCIÓN inspirada.

El propósito del empoderamiento es de encaminarte hacia la libertad para ayudar a que todos ustedes puedan liberarse de todas las limitaciones. Es esa la libertad que te dará felicidad eterna y que finalmente te conectará con la realización incondicional de la VERDAD.

Deseo que te regocijes como un pájaro en el cielo claro, sin complicaciones, independiente y COMPLETO en su libertad.

Imagínate una vida LIBRE de miedo. Sólo imagínate... liberarte de los dolores y problemas que fácilmente pueden manipular tus días. Imagínate... ser libre de los juicios y estereotipos que te ciegan de tantos regalos preciosos de la vida. Imagínate... la libertad de solo ser tú mismo; y de AMAR incondicionalmente.

Amigos, la libertad es más que una palabra y un concepto patriótico. Es el propósito más puro de Dios. El amor, en su sentido más genuino, sólo puede florecer si es LIBRE. Nosotros, como personas, sólo podemos florecer si somos libres.

¡Debes liberarte y no dejar que haya nada que consideres superior a TU VERDAD!

Con sólo un simple paso en la dirección de la verdad, tu espíritu se elevará.

¡Hazlo hoy! ¡Sin arrepentimientos!

Tu miedo a la verdad no la esconde ni la diluye.

La fortaleza de una nación

La fortaleza de una nación no se encuentra en el fanatismo ciego por un partido político. Se encuentra en la eterna devoción por la familia y el país.

La fortaleza de una nación no se encuentra en celebrar a los ricos y famosos. Se encuentra en el reconocimiento y la asistencia a sus pobres y marginados.

La fortaleza de una nación no se encuentra en la masiva y ceremoniosa adoración simbólica a Dios. Se encuentra en la dedicación de cada individuo por la palabra y la ley de Dios.

La fortaleza de una nación no se encuentra en los bancos, tiendas, cajas fuertes, juntas directivas y convenciones. Se encuentra en los hogares, en las escuelas y en el corazón de cada individuo dispuesto a hacer una diferencia.

La fortaleza de una nación no se encuentra en su habilidad de hacer la guerra o mantener la paz. Se encuentra en la sabiduría y pureza que no ve la necesidad de ninguna de las dos.

La fortaleza de una nación no se encuentra en una bandera o en su historia escrita. Se encuentra en el amor, la compasión, la gentileza y la generosidad de cada uno de sus ciudadanos.

ഗ്ര

Si deseas lograr lo mejor de tu ser, sé tu mayor admirador.

ഗ്ര

Una mentalidad de víctima es una forma de suicidio prolongado.

ഗ്ര

Es importante saber lo que no deseas, pero es vital saber lo que SÍ deseas.

ഗ്ര

A veces el amor que sentirás luego de haber sido herido es más fuerte que nunca.

ഗ്ര

No podemos deshacer nada de lo que ya hemos hecho, pero hoy podemos tomar decisiones que nos impulsen hacia la vida que deseamos y a la sanación que necesitamos.

ഗ്ര

Cuando comprendas que La Biblia no necesariamente es aquella que está llena de historias para ser creídas, sino de mensajes para ser recibidos, te liberas de la carga de la ignorancia pasada y de las agendas por cumplir y permites que en tu interior se active la verdad viviente.

ഗ്ര

Elige la felicidad

¿Qué tal si le impusieras menos condiciones a tu propia felicidad?

¿Qué tal si no le pusieras marcas a las metas de tu propia felicidad? "Seré feliz cuando llegue a casa," o "seré feliz cuando termine de pagar mi casa," o "seré feliz cuando consiga mi nuevo carro," etc.

¿Qué tal si cambias las reglas y haces que la felicidad se convierta en un estilo natural de vida?

Recuerda, nada en esta vida viene con etiqueta, TÚ eres el que pone la etiqueta.

Puedes quejarte de que las rosas tengan espinas o puedes celebrar que las espinas tengan rosas. ¡Es tu decisión!

Tómate algo de tiempo para reflexionar en el poder que tienes de controlar tus propias etiquetas.

Este universo está balanceado. Siempre hay algo positivo que puedes ver en cualquier situación.

A través de la historia, algunos de los mensajes más importantes han surgido de los más grandes desastres.

La felicidad es un regalo que está esperando que lo desenvuelvas. Necesita ser encontrado. Y la búsqueda de la felicidad no debe verse como buscar una aguja en un pajar. Cada día es una bendición que nos trae una abundancia de felicidad. Encontrar la felicidad debe ser como encontrar un regalo entre un montón de regalos.

Encuentra tu regalo hoy. ¡Hoy es un nuevo día!

No hay nada más peligroso para los grilletes de la complacencia y el guardián del miedo que la filosofía en acción.

ꕥ

¿Estás dejando evidencia de que aprecias el día de hoy o estás solo dejando evidencia de que le tienes miedo al mañana?

ꕥ

Tu semilla está en tu intención inicial y florece cuando tus acciones reflejan esa intención.

ꕥ

No aumentes tus quejas, aumenta tus acciones.

ꕥ

El miedo es la proyección mental de algo que no ha sucedido.

ꕥ

El viaje al cambio no empieza con tu intención, empieza cuando te mueves.

ꕥ

Muchas de las cosas por las que lloras en el presente serán las cosas por las que te reirás en el futuro.

ꕥ

Yo estoy completo pero no he terminado.

ꕥ

ᘓᘐ

¡Es la hora de dejar de hablar por hablar, es la hora de dejar de tener solo la intención, es la hora de la acción; es hora de callar y decir algo significativo!

ᘓᘐ

Participa en tus propios sueños, no sólo digas lo que quieres o te quejes de lo que no tienes.

ᘓᘐ

¡La mejor manera de celebrar tu libertad es VIVIÉNDOLA! Sé tú mismo. Sé libre. ¡No permitas que la libertad sea algo que tengas, haz que sea algo que haces... algo que ERES!

ᘓᘐ

No quiero que seas víctima de las circunstancias, quiero que seas dueño del momento.

ᘓᘐ

Tu capacidad de poseer algo es tu capacidad de cambiar algo.

ᘓᘐ

Tomar el poder del ahora es lo que te ayudará a impulsar tu vida hacia donde necesitas estar.

ᘓᘐ

Deja que hoy sea ese día

Hoy te levantas en un día en el que tienes el poder de crear e inspirar cambios.

¿Qué harás con el día de hoy?

¿Te liberarás finalmente de la mentalidad de víctima y tomarás el control de tu vida?

Has sido bendecido con un poder inconmensurable para crear cambios positivos en tu vida. ¡Cambia las cosas hoy!

Nunca me convencerás de que pasamos por todo lo que pasamos tan sólo para terminar en el mismo lugar donde empezamos. Estamos aquí para evolucionar... para refinarnos y mejorarnos... para inspirar a los demás y ayudarles a hacer lo mismo.

¡Hoy es un nuevo día!

¿Qué harás con el día de hoy?

El día en el que tu queja de una situación sea reemplazada por las acciones que la corrigen... ¡Deja que hoy sea ese día!

El día en el que escoges transcender de la rutina de la existencia desempoderada y abrazar la belleza de la vida empoderada... ¡Deja que hoy sea ese día!

El día en el que finalmente te liberas de la prisión de los resentimientos y las iras pasadas y abres tus ojos a tus bendiciones actuales... ¡Deja que hoy sea ese día!

El día en el que dejas de atraer negatividad a tu vida y mejoras tu mentalidad creando un imán para el éxito, la excelencia y las personas positivas... ¡Deja que hoy sea ese día!

El día en el que dejas de imponerle reglas y condiciones que no se pueden cumplir a tu propia felicidad y te das cuenta de que la felicidad no es la ausencia de problemas, sino la habilidad de lidiar con ellos... ¡Deja que hoy sea ese día!

El día en el que dejas de ser perseguido por el fantasma del ayer y te dejas de estresar por la lista de cosas que hacer para mañana y sólo absorbes la maravilla, la belleza y las bendiciones de tu regalo más preciado, el día de hoy... ¡Deja que hoy sea ese día!

El día en el que dejas de tener conflicto entre tus acciones y tus metas y finalmente alinees tu intención suprema con tus acciones llenas de propósito, creando una sinfonía universal que le brinda una serenata a tu éxito... ¡Deja que hoy sea ese día!

Y finalmente, el día en que dejas de sólo existir y optes por empezar realmente a vivir... ¡Deja que hoy sea ese día!

¡Hoy es un nuevo día!

ꕥ

La mente empoderada permite que los problemas siembren el crecimiento personal.

ꕥ

Interrumpe tus pensamientos de “yo debo” con tu acción de realizarlos.

ꕥ

Es la creencia de que algo te lo impide la que te lo está impidiendo.

ꕥ

El cambio es el padre del progreso.

ꕥ

La ley universal de la generosidad nos asegura que tanto el que da como el que recibe se beneficia.

ꕥ

Cuando cambias para mejorar, las personas que te rodean también se inspiran para cambiar... pero sólo después de intentar por todos los medios de detener tu cambio.

ꕥ

La relación más poderosa que podrás tener es la relación contigo mismo.

ꕥ

ജ്ഞ

Cuando estés listo para hacer el cambio y sientas que no tienes la fuerza suficiente, reconoce que estás conectado con la misma fuerza que mueve al mundo. Sólo debes dejar de darle la espalda y conectarte con ella.

ജ്ഞ

Las personas que no tienen la claridad, la valentía o la determinación de seguir sus propios sueños encontrarán a menudo maneras de desanimarte los tuyos. ¡Vive tu verdad y NUNCA te detengas!

ജ്ഞ

Realmente, al simplificar tu vida obtienes la mayor fortaleza.

ജ്ഞ

Cuando nos dedicamos a juzgarlo todo, no aprendemos nada.

ജ്ഞ

¡Hoy es un nuevo día! Es tu día. Tú le das forma. No permitas que la ignorancia o el miedo de los demás le den forma.

ജ്ഞ

Vive tu visión y exige tu éxito.

ജ്ഞ

Acerca de Steve Maraboli

Como reconocido orador, autor, presentador de radio, corresponsal de televisión y consejero personal, Steve Maraboli ha alcanzado reconocimiento internacional por haber creado y transmitido discursos altamente profundos y programas efectivos que ayudan a las personas a dejar atrás la mediocridad, destruir barreras personales y alcanzar su más alto potencial.

A través de sus escritos, sus palabras y su obra filantrópica, Steve ha inspirado a un sinnúmero de personas alrededor del mundo, a liberarse de los grilletes del pensamiento desempoderado y a crear una actitud que atrae al éxito y la excelencia.

Desde muy joven, Steve ha dedicado su vida al entendimiento de la espiritualidad, del logro, del empoderamiento y de la superación personal. Con persistencia y determinación, ha iniciado y continuado un proceso de educación personal constante que lo ha distinguido como autoridad en las áreas del potencial humano y la superación personal.

Actualmente, Steve es el presidente de *A Better Today, Inc.,* compañía que crea y provee programas de educación y empoderamiento a lo largo de los Estados Unidos y en más de 46 países alrededor del mundo. Steve viaja por todo el mundo transmitiendo discursos profundos y programas de guía efectivos que continúan electrificando y empoderando a sus audiencias.

El popular programa de radio a nivel nacional conducido por Steve, *Empowered Living,* ha sido escuchado por millones de personas alrededor del mundo y se ha convertido en el lugar de reunión para los grandes pensadores y comunicadores actuales, como también en un lugar de presentación para sus poderosos seminarios.

www.stevemaraboli.com

www.twitter.com/stevemaraboli

www.facebook.com/authorstevemaraboli

¡El programa más escuchado de entrevistas en radio por Internet en los EE.UU!

Libérese de la prisión de sus pensamientos condicionados y rompa las barreras que le están impidiendo lograr el éxito. Sintonice a "Empowered Living: Life, the Truth, and Being Free" (Vivir empoderado: la vida, la verdad y ser libre) con su presentador, orador, escritor y consejero personal, Steve Maraboli.

Steve y sus expertos invitados lo dirigen en su búsqueda de la verdad mientras presentan filosofías y estrategias que le ayudan a liberar su ser superior.

Ya es hora de despertar de la mediocridad y de destruir barreras personales. Viva a su mayor potencial y alinéese con la felicidad, el éxito y la excelencia con: Empowered Living: Life, the Truth, and Being Free (Vivir empoderado: la vida, la verdad y ser libre).

Transmitido en vivo cada lunes, jueves y viernes a las 12 pm EST (hora del este de EE.UU.)

"Es más que un programa... ¡Es un evento!"

Visítenos en: **www.empoweredlivingradio.com**

Acerca de "A Better Today"

La compañía A Better Today continúa creciendo y expandiéndose a medida que va añadiendo un arsenal de herramientas empoderadoras, programas y servicios a su repertorio.

Empezamos en 1997 con solo una página Web y entregando folletos. Actualmente somos líderes reconocidos en la creación y ejecución de programas y estrategias de empoderamiento para individuos, grupos, comunidades y negocios alrededor del mundo.

¡En la actualidad tenemos nuestros programas activos a través de todos los Estados Unidos así como en más de 46 países alrededor del mundo. ¡Y todavía seguimos creciendo!

www.abettertoday.com

A Better Today Publishing

A Better Today Publishing se dedica a publicar libros y medios de comunicación para empoderar, inspirar y educar.

¡Nos sentimos orgullosos de formar parte de la familia A Better Today!

Visítenos en: **www.abettertodaypublishing.com**

Para mayor información, por favor contáctenos en:

A Better Today Publishing
P.O. Box 1433
Port Washington, NY 11050
(800) 597-9103

www.abettertodaypublishing.com